AF327772

LA

NAVIGATION INTÉRIEURE

DE LA GAULE

A L'ÉPOQUE GALLO-ROMAINE

NAVIGATION INTÉRIEURE

DE LA GAULE

A L'ÉPOQUE GALLO-ROMAINE

PAR

Louis BONNARD

Associé correspondant
de la Société nationale des Antiquaires
de France

PARIS

LIBRAIRIE ALPHONSE PICARD ET FILS

Libraire des Archives nationales et de la Société de l'École des Chartes

82, RUE BONAPARTE, 82

—

1913

A MONSIEUR CAMILLE JULLIAN

Membre de l'Institut,
Professeur au Collège de France.

Mon cher Maître,

Voulez-vous permettre à un modeste ouvrier, qui besogne patiemment dans quelques coins de cette Gaule dont vous nous avez dit si magistralement l'histoire, d'inscrire votre nom en tête de ces pages. Ce sera, en même temps qu'un témoignage d'admiration pour votre œuvre, l'expression de ma gratitude pour l'accueil si sympathique que j'ai maintes fois trouvé auprès de vous.

L. BONNARD.

CHAPITRE PREMIER

CONSIDÉRATIONS GÉNÉRALES

I

HYDROGRAPHIE DE LA GAULE

Le réseau fluvial. — Le coup d'œil le plus superficiel jeté sur une carte de France permet de saisir l'admirable disposition que présente notre réseau fluvial, envisagé comme ensemble de moyens de communication. Non seulement le rayonnement de nos fleuves, divergeant autour du Massif Central pour aboutir aux diverses mers qui baignent nos côtes, assure des relations faciles entre les régions du centre et celles de la périphérie, mais, par suite d'une particularité topographique singulièrement heureuse, la plupart de nos fleuves coulent, sur certains points, à une distance assez rapprochée de cours d'eau voisins dont la direction est différente, pour qu'il soit possible, par des transbordements plus ou moins aisés, de passer de l'un dans l'autre, et de franchir ainsi, par ces itinéraires fluviaux juxtaposés, des distances considérables.

A l'est, le profond sillon du Rhône, ouvert entre les contreforts orientaux du Massif Central et les premiers plissements alpins, est prolongé, par la Saône et le Doubs, jusqu'à des points peu distants de la Moselle et du Rhin, joignant ainsi par une route fluviale, à peine interrompue par de courts portages, les rives ensoleillées de la Méditerranée aux côtes brumeuses de la mer du Nord.

A l'ouest du Massif, la Loire et sa branche maîtresse, l'Allier, reliés au Rhône par des passages, difficiles peut-être, mais nullement infranchissables, dessinent une large courbe qui embrasse tout le centre de notre pays en y traçant une route naturelle incomparable.

Plus au nord, séparée seulement de la Saône par le plateau de Langres et le bassin de la Côte-d'Or, la Seine apparaît comme le lien nécessaire entre les régions de l'est et le littoral de la Manche.

Dans le sud-ouest, la Garonne établit, à travers d'opulentes régions, une admirable voie de communication entre les Pyrénées et la mer, et, par ses affluents de droite, le Tarn, le Lot et la Dordogne, est reliée au cœur même des régions montagneuses du Centre.

Enfin, pour compléter ce merveilleux réseau, entre les mailles principales s'encadrent des artères secondaires, comme la Somme, la Vilaine, la Charente, l'Adour, qui jouent dans leurs bassins respectifs le même rôle que les grands cours d'eau dans l'économie générale du pays, en y facilitant la circulation et en leur ouvrant des débouchés sur les régions maritimes.

Cette heureuse disposition naturelle du réseau fluvial gaulois avait déjà frappé Strabon, qui la signalait à deux reprises, dans des textes bien souvent cités, mais qu'il est intéressant de reproduire ici, la constatation de cet antique état de choses ayant toujours fourni les lignes directrices pour l'établissement des grandes voies de communication dans notre pays :

« Ainsi délimité, le pays se trouve arrosé dans tous les sens par des fleuves qui descendent, soit des Alpes, soit du mont Cemmène et du mont Pyréné, et qui vont se jeter, les premiers dans l'Océan, les autres dans notre mer Intérieure. En général, ces fleuves coulent dans des plaines ou le long des collines dont la pente douce ne gêne en rien la navigation. Ils sont, de plus, si heureusement distribués entre eux qu'on peut faire passer aisément les marchandises d'une mer à l'autre : à la vérité, il faut user de charrois dans une partie du trajet, mais c'est sur un espace peu étendu et d'ailleurs tout en plaine, où le chemin, par conséquent, n'offre pas de difficulté, et la plus grande partie du trajet se fait bien par la voie des fleuves, qu'on descend et qu'on remonte alternativement [1] .»

Et, plus loin, notre auteur ajoute : « Revenons encore (la chose en vaut la peine) sur ce que nous avons dit plus haut de la correspondance, en quelque sorte symétrique, qui existe entre les différents fleuves de la Gaule et, par suite, entre les deux mers Intérieure et Extérieure. On trouve, en effet, pour peu qu'on y réfléchisse, que cette circonstance constitue le principal élément de prospérité du pays, en ce qu'elle facilite entre les différents peuples qui l'habitent l'échange des denrées et des autres produits nécessaires à la vie, et qu'elle établit entre eux une communauté d'intérêts d'autant plus profitable, qu'aujourd'hui, libres de toute guerre, ces peuples s'appliquent avec plus de soin à l'agriculture et se façonnent davantage au genre de vie des nations civilisées. On serait même tenté de croire ici à une action directe de la Providence, en voyant les lieux disposés, non pas au hasard, mais d'après un plan en quelque sorte raisonné.

« Ainsi, le Rhône, qui peut déjà lui-même être remonté très-haut, et l'être par des embarcations pesamment chargées, donne, en outre, indirectement accès dans beaucoup de cantons, par la raison que ses affluents sont également navigables et peuvent aussi transporter

1. STRABON, *Géographie*, traduction Tardieu, l. IV, ch. I, 2.

les plus lourds fardeaux : les marchandises reçues
d'abord par l'Arar passent ensuite dans le Dubis,
affluent de l'Arar ; puis on les transporte par terre jusqu'au Sequanas, dont elles descendent le cours, et ce
fleuve les amène au pays des Lexoviens et des Calètes,
sur les côtes même de l'Océan, d'où elles gagnent enfin
la Bretagne en moins d'une journée. Seulement, comme
le Rhône est rapide et difficile à remonter, il y a telles
marchandises de ces cantons (toutes celles notamment
qu'on expédie de chez les Arvernes pour être embarquées sur le Liger) qu'on aime mieux envoyer par terre
sur des chariots. Ce n'est pas que le Rhône, en certains points de son cours, ne se rapproche sensiblement
de l'autre fleuve, mais la route de terre étant toute en
plaine et peu longue elle-même (elle n'est guère que
de 800 stades) invite à ne pas remonter le Rhône, d'autant qu'il est toujours plus facile de voyager par terre.
A cette route succède la voie commode du Liger, fleuve
qui descend des monts Cemmènes et va se jeter dans
l'Océan. Si c'est de Narbonne qu'on part, on commence
par remonter le cours de l'Atax, mais sur un espace
peu étendu ; le trajet qu'on fait ensuite par terre jusqu'au
Garounas est plus long, mesurant à peu près 7 à 800
stades ; après quoi, par le Garounas, comme par le Liger,
on atteint l'Océan [1]. »

**Rôle des cours d'eau dans la vie sociale et
économique de la Gaule.** — On comprend aisément
que, dans de semblables conditions naturelles, les fleuves
et les rivières aient été appelés à jouer de très bonne
heure un rôle considérable dans la vie sociale et économique de notre pays. Aussi loin qu'il nous est possible
de remonter dans l'histoire, et même dans la préhistoire,

1. STRABON, *Géographie*, traduction Tardieu, l. IV, ch. I.

les rives de nos fleuves et leurs vallées nous apparaissent comme les lieux d'habitat par excellence. Les cours d'eau ne sont pas recherchés seulement à raison des ressources de toute espèce que leur voisinage offre aux besoins des hommes, mais encore comme trouées routières, fréquentées par les piétons sur les pistes frayées le long des berges, et sillonnées sur les eaux par de rudimentaires pirogues à l'aurore même des temps néolithiques. Aussi, dès qu'une organisation primitive commença à s'établir parmi leurs groupements, les hommes comprirent l'importance qui s'attachait à la possession de certains points des rives des cours d'eau, aussi bien pour les besoins de la défense, qu'en vue des vagues relations d'échange qui préludaient aux premières relations commerciales entre peuplades voisines. « Un grand pas est fait dans le développement géographique d'une contrée, dit Vidal de la Blache, quand les fleuves ou rivières, au lieu d'être simplement recherchés comme sites de pêche ou fossés de défense, deviennent des voies de communication, suscitent des marchés aux confluents et aux embouchures, des établissements aux étapes où la batellerie doit changer ses moyens de transports. »

Ce rôle d'expansion et de civilisation, les rivières de la Gaule le jouèrent de la façon la plus complète. C'est par les vallées des grands fleuves que se fit la pénétration commerciale, entraînant à sa suite la création d'établissements durables, qui devinrent souvent les embryons des villes futures. Aux lieux principaux de passage, où l'existence de gués, l'établissement de bacs ou la construction de ponts permettaient de franchir facilement les cours d'eau ; aux nœuds fluviaux, où venaient se souder des routes d'eau rayonnant dans des directions diverses ; aux points où les voies terrestres arrivaient en contact avec les fleuves ; à ceux où les marchandises quittaient une route d'eau pour emprunter les chemins terrestres, ou franchissaient des seuils de partage qui les conduisaient dans la vallée d'un autre fleuve ; aux lieux où les nécessités de la navigation imposaient des étapes de repos, des points d'arrêt pour le transbordement, le chargement ou le déchargement des marchandises ; à tous ces endroits privilégiés se fondèrent des agglomérations, s'élevèrent des bourgades, dont l'importance s'accrut en même temps que progressaient le commerce et la navigation [1].

Si les dispositions naturelles de son réseau hydrographique eurent une grande influence sur le développement général de la Gaule, ce fut surtout dans le domaine spécial qui nous occupe, celui de la navigation intérieure, que leur action se fit sentir dès les premiers âges. Elles se prêtaient admirablement, en effet, à l'organisation des premiers transports de marchandises, denrées ou objets d'échange, alors surtout que les routes de terre n'existaient qu'à l'état rudimentaire, et, sur les voies fluviales fréquentées dès l'aurore des relations commerciales, la navigation prit rapidement un essor considérable. On peut juger de ce qu'elle était déjà au lendemain de la conquête romaine par ces paroles mises par Dion Cassius dans la bouche de Marc-Antoine : « Cette Gaule, qui nous envoyait les Ambrons et les Cimbres, elle est soumise maintenant et aussi bien cultivée que l'Italie elle-même. Ses fleuves se couvrent de navires, non seulement le Rhône et la Saône, mais

---

1. « Un bon nombre de villages, destinés à devenir des villes, doivent leur plus lointaine origine à la route même qui les traversait, et aux conditions qu'elle imposait aux voyageurs : auberge ou relai, péage ou contrôle, pont, gué ou passage, port sur une rivière ou sur une mer... Un gué a fondé Limoges ; un bac ou un passage Cavaillon, Chalon, Beaucaire et Tarascon ; un port, Boulogne, Genève et Orléans. » (JULLIAN, *Histoire de la Gaule*, t. II, p. 243).

la Meuse, mais la Loire, mais le Rhin lui-même et l'Océan. »

II

RÉGIME DES COURS D'EAU DE LA GAULE A L'ÉPOQUE GALLO-ROMAINE

A l'envisager d'une manière générale, le régime des cours d'eau de notre pays, à l'époque gallo-romaine, devait peu différer de leur régime actuel. Les épithètes dont les auteurs anciens gratifient nos fleuves et nos rivières, les descriptions qu'ils nous en donnent, leur seraient encore applicables aujourd'hui, et nous prouvent que, dans les grandes lignes tout au moins, la situation n'a pas changé très sensiblement depuis les premiers siècles de notre ère. On signale déjà l'impétuosité du cours du Rhône et les difficultés de son embouchure ; la lenteur extrême du cours de la Saône ; l'instabilité et les irrégularités du lit de la Durance ; la régularité du débit de la Seine ; la largeur et la tranquillité de la Moselle. L'Aude est presque partout guéable et sa navigabilité ne commence que tout près de son embouchure. De même, la Garonne, peu propre à la navigation dans son cours supérieur, devient ensuite capable de recevoir les plus grands navires.

Il est probable, cependant, que les conditions de navigabilité de la plupart de nos cours d'eau devaient être alors plus favorables que de nos jours. La Gaule était couverte de vastes forêts, dont les derniers restes sont aujourd'hui menacés par une barbare et stupide déforestation, et qui jouaient un rôle de premier ordre, au point de vue hydrologique, en assurant une alimentation plus constante aux rivières et en empêchant les ruissellements furieux, destructeurs des lits et des berges, et modificateurs constants du débit des cours d'eau. Le régime fluvial était plus régulier, les profondeurs plus considérables. Nous savons par César que l'Allier, si souvent presque à sec aujourd'hui, n'était guéable qu'en automne, et l'utilisation constante de certaines parties de la Loire, où l'on rencontre aujourd'hui moins d'eau que de sable, est une preuve certaine que ce fleuve avait alors plus de tenue et de régularité.

Toutes ces constatations ont déjà été faites par M. Lenthéric, qui résume ainsi ses vues générales sur l'ancien état hydrographique de la Gaule : « Climat plus égal et plus humide, pluies plus fréquentes, plus prolongées et moins torrentielles, étiages plus élevés, crues modérées, inondations plus rares, navigabilité mieux assurée, flottage possible même sur les plus petites rivières, telles paraissent avoir été les conditions des grands fleuves et de leurs affluents aux âges primitifs de l'humanité, et ces conditions se sont à peu près maintenues pour toute la Gaule, et en particulier pour la vallée du Rhône, jusqu'aux premiers siècles de notre ère..... Les moindres cours d'eau devaient nécessairement alors être alimentés en tout temps, et les plus modestes rivières, presque toujours flottables, pouvaient être utilisées pour les transports[1]. »

Ajoutons à cela que le matériel de la batellerie fluviale était loin d'avoir les dimensions de celui qui est employé de nos jours. Les bateaux qui circulaient sur les rivières étaient de taille modeste, de peu de largeur et de faible tirant d'eau ; on employait aussi les radeaux et des embarcations portées par des outres, susceptibles de se mouvoir sur les nappes liquides les plus minces.

Tenons également pour très juste ce qu'écrivait, en

1. LENTHÉRIC, *Le Rhône*, t. II, p. 73.

1774, Antoine, Sous-Ingénieur des États de Bourgogne :
« Toutes les rivières qui sont un peu fortes étaient navigables pendant une partie de l'année, avant l'invention des moulins à eau. Il n'y avoit point alors de digues à travers les rivières ; il n'étoit question, pour naviguer, que de profiter des moments que les eaux se trouvoient à la hauteur convenable ; cela faisoit une navigation bien imparfaite et peu avantageuse ; mais c'étoit en quelque sorte assez pour lors. Si les eaux devenoient trop basses avant que le voyage fût achevé, on s'arrêtoit jusqu'à ce qu'il revint une nouvelle crue [1]. »

De toutes ces conditions réunies, il résulte que le champ d'action de la navigation fluviale en Gaule était extrêmement étendu, et que nombre de cours d'eau, aujourd'hui inaccessibles et désertés même par les barques du plus faible échantillon, devaient alors être utilisés pour le transport des personnes et des marchandises. « Presque tout le mouvement commercial, dit M. Léger, empruntait le réseau des voies navigables, qui ne dut pas avoir un développement moindre que de nos jours, parce que le régime était probablement plus régulier et que le tirant d'eau nécessaire était moindre. On peut penser que la longueur actuelle de 7.800 kilomètres de nos cours d'eau navigables, augmentée peut-être d'une partie des 3.200 kilomètres flottables, s'ajoutait aux voies de terre [2]. »

1. ANTOINE, *Navigation de Bourgogne*, t. I, p. 91.
2. LÉGER, *Les Travaux publics, les Mines et la Métallurgie au temps des Romains*, p. 347.

III

LA NAVIGATION FLUVIALE ET SES APPLICATIONS

La navigation qui fréquentait cet immense réseau n'était pas, comme de nos jours, limitée au transport de certaines catégories de marchandises, pour lesquelles la lenteur du trajet n'est pas une cause de dépérissement ou de moins-value. Elle répondait alors à des besoins multiples et jouait un rôle de premier ordre dans la vie économique et sociale de la Gaule au cours des premiers siècles, rôle antérieur certainement à la conquête romaine, et qui ne s'effaça pas, tout au moins complètement, avec les invasions barbares, car les preuves abondent de la fréquentation des rivières par la batellerie longtemps après que la puissante organisation romaine eût définitivement sombré sous le flot des envahisseurs.

Transport des marchandises. — Comme moyen de transport des choses, la batellerie fluviale embarquait des marchandises de toute espèce, mais principalement les articles lourds et encombrants, comme les bois, les pierres, marbres, tuiles, briques et autres matériaux de construction, les métaux en lingots et en barres, les vins en tonneaux, etc., ou les marchandises plus légères, mais fragiles, les poteries, par exemple, pour lesquelles on pouvait redouter les heurts et les cahots des charrois sur les routes de terre. De grandes barques transportaient ces cargaisons d'un bout à l'autre des cours d'eau principaux, jusqu'à leurs points de destination, ou jusqu'aux ports où les objets véhiculés par eau devaient être débarqués pour gagner d'autres rivières au moyen de portages par terre.

A côté de cette batellerie, qui représentait, en quelque

sorte, la navigation au long cours, des embarcations de plus faible échantillon faisaient un service de cabotage de ville à ville, d'escale en escale, le long des berges des rivières. Ces petits bateaux assuraient aussi, par voie de transbordement, le service des cours d'eau de moindre importance, sur lesquels les grandes barques ne pouvaient s'aventurer, et venaient, aux confluents ou en certains points déterminés, apporter des chargements à celles-ci, ou les alléger, au contraire, d'une partie de leurs cargaisons.

Certains ports, situés près de l'embouchure ou sur le bas cours des grands fleuves, offraient une importance particulière comme points de contact de la navigation maritime et de la batellerie fluviale. Les navires de mer s'arrêtaient là, pour charger les marchandises apportées par les péniches de rivière, ou transborder, au contraire, sur celles-ci leurs propres chargements.

Approvisionnement des riverains. — C'est par la rivière que les centres de population, villes, bourgs et hameaux, ainsi que les villas des riches particuliers, disséminées sur les rives, s'approvisionnaient de denrées de toutes sortes. Des commissionnaires en vivres entretenaient de petites flottilles pour l'exercice de ce genre de commerce. L'un d'eux, Philon, cité par Ausone, opérait le ravitaillement des riverains de la Garonne et du Tarn avec une véritable flotte, composée des échantillons les plus variés de matériel nautique [1].

Ravitaillement des troupes. — C'est également

1.   Addit inquilinos, rura, vicos, oppida,
       Soli et sali commercio,
       Acatis, phaselis, lintribus, stlatis, rate,
       Tarnim et Garumnam permeat.
                    (AUSONE, *Epist.*, XXII.)

par eau que se faisait, toutes les fois que la chose était possible, le ravitaillement des troupes en campagne et des postes occupés d'une façon permanente par des garnisons sédentaires. César usa beaucoup de ce procédé pendant ses campagnes en Gaule, et le soin qu'il prend de mettre les troupes destinées à assurer le service des vivres dans des villes situées sur des cours d'eau importants : Chalon et Mâcon, sur la Saône ; Nevers et Orléans, sur la Loire ; Sens, sur l'Yonne ; Amiens, sur la Somme, etc., montre bien l'importance qu'il attachait à s'assurer les artères fluviales comme voiés de communication.

L'annone. — Les services publics usaient largement des voies fluviales. Le fleuve était la route des blés et autres denrées destinées à l'annone, ce précieux impôt en nature qui assurait en partie l'existence du peuple de Rome. Une surveillance sévère s'exerçait sur ce service de première nécessité, et le personnel qui y était attaché supportait de dures obligations, que compensaient faiblement certaines faveurs spéciales.

Transports militaires. — La rivière était fréquemment le chemin des troupes. Des transports militaires sont souvent signalés sur le Rhin. Nous voyons les troupes de Constance Chlore, destinées à l'expédition de Bretagne, embarquées sur la Seine, et celles de Constantin descendre la Saône et le Rhône pour aller combattre Maximien. Les voyages de ce genre devaient nécessairement être assez lents, mais la mobilisation des troupes s'opérait alors dans d'autres conditions qu'aujourd'hui.

Cursus publicus. — Enfin, les stations de bateaux servaient, concurremment avec les relais de chevaux sur les routes de terre, aux besoins des messagers et des courriers chargés du service postal[1]. Ces attributions faisaient partie du *cursus publicus*, « service public destiné, en principe, au transport des personnes et des objets appartenant à l'État, et qui se continuait par mer et sur les voies fluviales, au moyen des *naves publicæ*, que la corporation des *navicularii* était tenue de mettre à la disposition des messagers et des transports impériaux. » (DAREMBERG et SAGLIO, *Dictionnaire des Antiquités grecques et romaines*). Nous avons fort peu de renseignements sur cette matière spéciale de la poste par eau, car le titre du Code Théodosien « *De cursu publico* » ne s'occupe que des transports par voie de terre.

Pour tous ces besoins d'ordre public, les bateaux appartenant aux particuliers pouvaient être réquisitionnés et employés pour le compte de l'État, sans égard pour la qualité ou la dignité de leurs possesseurs. Le Code Théodosien nous le dit expressément pour les bateaux du Tibre, mais il n'est pas douteux qu'il dût en être de même dans toute l'étendue de l'empire.

Transport des personnes. — La batellerie fluviale jouait un rôle considérable pour le transport des personnes. Les déplacements de ville à ville, aussi bien que les longs voyages, se faisaient souvent par

---

1. « Ostendit hic locus, cursum publicum non equis tantum vehiculisque stetisse, sed navigiis etiam ac dromonibus per flumina, lacus, sinus, ut res tulit, distributis..... Quemadmodum in viis militaribus statæ mutationes erant vehiculorum equorumque, qui cursui publico serviebant, sic in fluviis dromonum. — C. SOL. APOLLINI SIDONII *Arvernorum episcopi opera*, Jac. Sirmondi, *Societ. Jesu presb. cura et studio recognita, notisque illustrata.* (Sur l'ép. 5 du livre I.)

eau, et la société gallo-romaine nous apparaît comme un amateur fervent de ce mode de locomotion. Nous en avons des preuves pour toutes les rivières ; elles abondent notamment pour la Garonne. Ausone, qui avait coutume de se rendre par eau à sa villa située sur le bord du fleuve [1], conseille à Paulin de Nole l'embarquement à Langon. Paulin de Pella, revenant de Rome en 379, rentre à Bordeaux par le fleuve, en passant sous la porte Navigère [2]. Sidoine Apollinaire use de la même voie lorsqu'il vient en Aquitaine [3], et c'est également la route par eau et l'embarquement à Langon qu'il conseille à son ami Tregetius, pour se rendre de Bazas à Bordeaux [4].

Ces voyages particuliers devaient s'exécuter dans certaines conditions de confort, et même, lorsqu'il s'agissait de passagers de marque, ils étaient entourés de tous les raffinements qui pouvaient contribuer à les rendre agréables. Relisons ce que Sidoine Apollinaire écrivait à son ami pour le décider à choisir, pour son déplacement, la voie fluviale : « Voilà mon ami Leontius, sans contredit le premier des Aquitains, voilà Paulinus, de bien peu inférieur à son père, qui se préparent à aller au-devant de toi sur la Garonne, à la faveur de la marée, jusqu'au port que j'ai nommé tout à l'heure. Ils viendront non seulement avec une flotte, mais avec un fleuve. Les

---

1. « Tum purus et amnis
   Naviger : hic refluus me vehit atque revehit. »
(Ausone, Edyllia, III, 26.)
2. « Burdigalam veni cujus speciosa Garumna
   Mœnibus Oceani refluas maris invehit undas
   Navigeram per portam. »
(Paulini Pellaei, Euchar., 44-46.)
3. « ..... Venit, atque post veredos
   Remis velivolum quatit Garumnam. »
(Sidoine Apollinaire, Epist., 8, 12.)
4. Sidoine Apollinaire, Epist., XXXVI, ad Tregetium.

rameurs assis sur leurs bancs, les patrons, du haut de la poupe ornée de banderoles, modifieront leurs chants pour célébrer tes louanges. Là t'attend une couche élevée sur des coussins, un damier avec ses jetons à deux couleurs, des dés qui rouleront sur les degrés d'ivoire des cornets, et de peur que tes pieds pendants ne soient mouillés en la sentine mouvante, le ventre creux du navire sera couvert d'un pont fait avec des planches de sapin ; un berceau de treillis, placé sur ta tête, pourra te garantir du serein dangereux de cette saison. Que peut-on faire de plus pour ta paresseuse délicatesse ? Tu seras arrivé, ayant pu à peine t'apercevoir du voyage. »

Nous n'avons pas de renseignements semblables sur les barques gallo-romaines destinées aux transports en commun, mais il n'est pas douteux que leurs aménagements devaient être singulièrement plus rudimentaires. Le voyage n'était pas toujours plein de charme dans les barques du genre de celles dont nous parle Horace, aux flancs desquelles on entassait sans vergogne les voyageurs, et dont le marinier, profitant du sommeil des passagers, arrêtait la mule de halage pour faire un somme à côté d'elle, jusqu'au moment où le bâton d'un voyageur venait caresser les côtes de l'animal et celles de son indolent conducteur [1].

L'ouverture du réseau routier terrestre et l'établissement du service de la poste eurent vraisemblablement une certaine influence sur la circulation par eau des voyageurs, mais sans la faire disparaître complètement. L'usage de la poste romaine fut toujours limité à un petit nombre de privilégiés ; les services de transports par terre qui avaient grandi à ses côtés ne s'adressaient pas non plus à la masse et n'amenèrent pas la suppression des transports en commun par eau. En certains cas

1. Horace, *Satire* V.

même, on prenait de préférence le fleuve comme voie plus rapide, et nous voyons Vitellius, pressé de se rendre de Gaule en Italie, descendre la Saône, tandis que son armée suivait la route de terre.

D'autre part, il semble que la circulation fluviale augmenta encore d'intensité à mesure que la sécurité diminua sur les routes, à la suite des désordres intérieurs et des invasions étrangères, qui se succédèrent depuis la fin du iiie siècle. Les mauvaises rencontres étaient moins à redouter sur l'eau que sur terre, et la batellerie paraît avoir été le mode de locomotion préféré par la société gallo-romaine des derniers temps. C'est ce que M. Jullian constate en ces termes pour la Garonne : « Il paraît que, soit par goût, soit par économie ou par commodité, soit parce que le fleuve était plus sûr que la grande route, on ne se servait de la dernière, à la fin du ive siècle, qu'en cas d'absolue nécessité..... Aussi peut-on dire que, dès l'an 400, tout le trafic, tous les voyages, dans notre région, se font par eau, et qu'on s'embarque sur la Garonne dès qu'on la rencontre [1]. » Il y a tout lieu de penser que ces observations du savant professeur ne sont pas spéciales au grand fleuve du Sud-Ouest, mais qu'elles s'appliquent également aux autres voies navigables de la Gaule.

Bacs et passages d'eau. — Enfin, la batellerie jouait un rôle plus modeste, mais infiniment utile, dans l'économie générale de la circulation, en fournissant le personnel et le matériel nécessaires pour assurer le service des passages d'eau par bacs. Les ponts étaient assez rares en Gaule, et le passage des cours d'eau s'opérait au moyen de gués ou de bacs. Le voisinage des points où, d'une façon à peu près permanente,

1. JULLIAN, *Inscriptions romaines de Bordeaux*, t. II.

on pouvait passer à gué les rivières importantes, a souvent déterminé la naissance de centres de population, dans la dénomination desquels se retrouvent les mots celtique et romain qui signifiaient un gué : *ritum* et *vadum*. Aux points de passage fréquentés, lorsque le fond de la rivière n'offrait pas une stabilité suffisante, on établissait soit une chaussée pavée, soit un plancher noyé en madriers. Des traces d'ouvrages de ce genre ont été signalées à plusieurs reprises. Souvent aussi les dragages exécutés sur l'emplacement d'anciens gués ont amené la découverte, dans le lit du fleuve, de véritables trésors de monnaies ou de menus objets votifs, que les voyageurs avaient coutume de jeter dans le cours d'eau, comme offrandes à sa divinité tutélaire, pour assurer la sécurité de leur passage[1].

Lorsque les cours d'eau n'étaient pas guéables aux points où les routes terrestres venaient en contact avec eux, ou lorsque, en temps de crues, la hauteur des eaux rendait les gués impraticables, la traversée s'opérait au moyen de bacs constitués par de larges barques à fond plat, nommées *pontones* ou *rates*, manœuvrées à la rame ou à la traille. Certains de ces lieux de passage : Tarascon, sur le Rhône, Cavaillon, sur la Durance, par exemple, étaient en quelque sorte classiques.

Des bateliers spéciaux se tenaient à poste fixe dans le voisinage des passages d'eau, de façon à en assurer le service d'une façon continue. Il semble bien que les bateliers que nous rencontrerons plus tard sous le nom de *ratiarii* avaient dans leurs attributions le service des bateaux desservant les bacs.

Le prix du passage était tarifé suivant l'importance

---

1. Des trouvailles de ce genre ont été faites dans la Mayenne, au gué de Saint-Léonard ; dans la Loire, à Orléans ; dans la Vilaine, à Rennes, etc.

ou le poids du personnage ou de l'animal traversé, et, pour éviter toute contestation, le tarif était gravé ou peint à proximité du point d'embarquement. Un fragment d'un tarif de genre, gravé sur une grande dalle de marbre, a été trouvé, il y a peu d'années, entre la Gouette et Radès, sur le bord du lac de Tunis, et étudié par M. Héron de Villefosse dans une communication à l'Académie des Inscriptions et Belles-Lettres [1]. En voici le texte :

QVID RATARIS TRANSEVNTES
DARE DEBEANT
HOMO CABALLARIS · FL · IIIIHOMO PEDESTER · FL · I
BVRDO CARRICATVS CVM BVRDONARIV · FL · IIII
BVRDO LEVIS CVM BVRDONARIV · FL · II
CAMELLVS CARRICATVS CVM CAMELARIV · FL · V.
camellus levis CVM CAMELARIV · FL · III
asinus carricatus cum asin ? ARIO · FL · IIII

D'après ce tarif, les prix de passage étaient les suivants : pour un homme à cheval, 4 folles [2] ; pour un homme à pied, 1 follis ; pour un mulet chargé et son muletier, 4 folles ; pour un mulet non chargé et son muletier, 2 folles ; pour un chameau chargé et son chamelier, 5 folles ; pour un chameau non chargé et son chamelier, 3 folles. La dernière ligne, où il ne reste plus que quelques mots, a été restituée ainsi : pour un âne chargé avec son ânier, 4 folles.

Bien que ce texte épigraphique soit tout à fait étranger à notre pays, je l'ai rapporté ici parce qu'il nous fait

---

1. *Comptes rendus des séances de l'Académie des Inscriptions et Belles-Lettres pendant l'année 1906*, p. 118 et ss.

2. Le *follis* est une petite monnaie de bronze, en usage dès le IIIe siècle, mais surtout très répandue depuis le règne de Constantin.

connaître un usage qui n'était certainement pas spécial
à l'Afrique du Nord, mais qui devait s'appliquer partout où il y avait des bacs faisant un service régulier. Il
nous intéresse donc d'autant plus à ce titre qu'il est le
précurseur de l'obligation, imposée encore de nos jours,
aux tenanciers des bacs autorisés, d'afficher d'une façon
apparente leurs tarifs de passage.

CHAPITRE II
LE COMMERCE FLUVIAL EN GAULE

I

ÉLÉMENTS DE TRAFIC DANS LA GAULE

Les éléments de trafic ne manquaient pas en Gaule pour alimenter un commerce très florissant, et si les progrès de la viabilité terrestre, après la conquête, détournèrent vers les routes de terre une partie de la circulation des marchandises, les transports par eau ne furent pas abandonnés. Comme de nos jours, on dut toujours trouver avantage à employer la voie fluviale pour faire voyager nombre de marchandises lourdes ou encombrantes, telles que les bois, les vins, les matériaux de construction, etc.

L'étain et les premières relations commerciales. — Il y eut certainement, dès les temps préhistoriques, des relations de tribus à tribus et des transports d'objets qui étaient alors de première nécessité [1]. Plus tard, à l'aurore des temps historiques, la Gaule apparaît comme le grand chemin d'importation de l'étain, le métal

1. On peut citer comme exemple la découverte, sur de nombreux points de la France, de silex du Grand-Pressigny, d'un caractère tout particulier, et dont les gisements ne se rencontrent que dans une région très limitée de la Touraine.

indispensable à tous les besoins de la vie d'alors, outillage, armes, parure. Les gisements du centre et de l'ouest de la Gaule, le bassin de la Vilaine particulièrement, en fournissaient quelque peu, mais la majeure partie du métal provenait de la Cornouaille et des îles Cassitérides, et était amenée par la marine de Bretagne sur les côtes de la Gaule ou aux embouchures de nos fleuves, d'où elle gagnait Marseille par un itinéraire en partie fluvial et en partie terrestre. Cette route du métal resta toujours la même. Posidonius, un siècle avant J.-C., dit que l'étain britannique était encore expédié à Marseille, et Diodore de Sicile décrit le système de transport par chevaux, qui le faisait parvenir en trente jours du Pas-de-Calais à l'embouchure du Rhône.

En cours de route, des rapports s'établissaient entre les commerçants étrangers et les indigènes, et c'est ainsi que se nouèrent les premières relations commerciales, déjà fort actives bien antérieurement à la conquête romaine. La présence dans des sépultures datant de plusieurs siècles avant l'ère chrétienne de bijoux, d'objets d'art en bronze, de céramique de provenance grecque ou étrusque, de matières précieuses, comme le corail, employées pour les armes et les ornements, indique bien l'existence, dès cette époque lointaine, d'un commerce actif qui devait, au début, s'alimenter par voie d'échanges. « Nos ancêtres, dit M. Déchelette, quelque cinq cents ans avant notre ère, avaient atteint déjà une culture assez développée pour apprécier le mérite artistique des objets manufacturés chez les peuples de l'antiquité classique, notamment chez les Grecs et les Étrusques. Posséder un vase en bronze au galbe élégant, œuvre d'un ciseleur ionien, boire dans une coupe d'argile délicatement peinte par un céramiste italien, conserver un trépied d'airain semblable à ceux qui remplissaient les chambres étrusques, c'est par là que les chefs gaulois se plaisaient à étaler leur opulence. Après eux, le mobilier précieux descendait dans la tombe, parfois avec le char de guerre qui les menait au combat. Il faut le dire aussi, le goût souvent immodéré des Gaulois pour le produit des vignobles de l'Italie et de la Grèce contribuait, dès cette époque, alors que la vigne n'existait pas encore en Gaule, à entretenir les relations commerciales de nos ancêtres avec les peuples méridionaux [1]. »

Commerce de la Gaule indépendante. — A l'époque de son indépendance, la Gaule exportait surtout des blés, des laines, des chevaux et des esclaves. Elle recevait des vins, des huiles, des poteries de terre, des vases et des objets d'art en bronze [2].

La métallurgie gauloise était particulièrement développée. Outre l'étain, dont nous avons déjà parlé et dont la Gaule renfermait quelques gisements, celle-ci produisait une certaine quantité de plomb, de cuivre, d'argent, d'or, ce dernier métal charrié par les rivières, mais surtout du fer, traité dans de nombreuses forges, parmi lesquelles celles du Berry étaient renommées pour l'excellence de leurs produits. Quelques peuples de la Gaule avaient acquis une habileté toute particulière dans l'ornementation des objets métalliques. Les Bituriges étaient considérés comme les spécialistes les plus exercés dans l'art de l'étamage. On attribuait aux habitants d'Alésia l'invention de l'argenture, et l'émaillerie avait été poussée à un rare degré de perfection, surtout à

---

1. *L'identification d'Alésia et les tombelles d'Alaise*, Revue Pro Alesia, n° 33, 1909, p. 491.

2. Sur les objets de trafic de la Gaule, consulter : BLOCH, *Histoire de France publiée sous la direction de M. Lavisse*, t. I; JULLIAN, *Histoire de la Gaule*, t. II; DURUY, *Histoire des Romains*, t. III et IV; LENTHÉRIC, *Le Rhône*; PIGEONNEAU, *Histoire du commerce de la France*, t. I.

Bibracte, où l'on a retrouvé, dans les ateliers d'émailleurs du Mont Beuvray, de nombreux objets en cours de fabrication, ainsi que des instruments, restes et déchets, qui permettent de se rendre un compte très précis de ces procédés de fabrication, assez analogues au travail de l'émail en champlevé [1].

Commerce de la Gaule romaine. — Après que la Gaule eut reçu de ses conquérants son organisation administrative et son réseau routier, son rôle dans le mouvement économique et commercial de l'empire devint promptement considérable.

Parmi les productions du sol, la Gaule cultivait et exportait en grande quantité du blé, la denrée indispensable au peuple romain et toujours si impatiemment attendue par lui. Elle expédiait également du millet, des glands, du lin du Quercy et du Berry, du chanvre de la vallée du Rhône et de l'Auvergne, diverses essences de bois, surtout du chêne et du sapin.

Dans le règne animal, des chevaux et du bétail de toute espèce, les grands poissons fins des fleuves de l'Océan, la lamproie, la silure et l'esturgeon du Mein et du Rhin.

Le sel était l'objet d'un commerce actif, ainsi que certains produits comestibles, qui paraissent avoir joui d'une grande faveur auprès des gourmets de la péninsule : oies, dont on faisait grossir le foie dans le lait et le miel ; fromages, auxquels on adressait le reproche de se conserver difficilement ; conserves de viandes de porc, jambons et salaisons, renommés surtout dans la Séquanaise [2].

---

1. On peut voir avec intérêt, au Musée des Antiquités nationales de Saint-Germain-en-Laye, dans la salle du siège d'Alise, une vitrine contenant un grand nombre d'objets relatifs à l'art de l'émaillerie dans les ateliers du Mont Beuvray.

2. « C'est de chez ce peuple (le Sequanas) que provient le meil-

Dans la région du Médoc, on trafiquait activement sur la cire, le suif et les résines [1]. La Narbonnaise fournissait une certaine quantité d'huile, et la Gaule, qui avait été longtemps tributaire de l'Italie pour les vins [2], arriva à une culture de la vigne assez développée et à des procédés de vinification assez perfectionnés pour faire de ses produits un important article de commerce. Avant même de fabriquer le vin, les Gaulois « avaient su le conserver en substituant aux amphores de terre cuite les futailles de bois douvées et cerclées, et les représentations de tonnellerie sont fréquentes sur les monuments gallo-romains. » (C. JULLIAN.)

La céramique donnait lieu également à un mouvement de trafic considérable. A côté des poteries noires de la Gaule indépendante prit place la fabrication des poteries rouges avec ou sans reliefs (poteries samiennes, vases sigillés), reçus d'abord d'Italie (vases d'Arezzo), puis fabriqués en assez grand nombre en Gaule pour que des produits de Banassac et de la Graufesenque aient été

leur porc salé qu'on expédie à Rome. » (STRABON, *Géographie*, traduction Tardieu, l. IV, ch. III, 2.)

Varron (*De re rustica*, l. II, c. IV) nous dit, de son côté, que les Gaulois savaient saler et fumer la chair des porcs d'une façon si supérieure, qu'à Rome même il y avait une foire annuelle pour les jambons, le lard et les saucissons des Gaules.

1.   « Albentes sevi globulos et pinguia ceræ
    Pondera, Naryciamque picem, scissamque papyrum,
    Fumantesque olidum, paganica lumina, tædas. »

(AUSONE, *Ep. à Théon*, l. IV.)

2.. D'après Posidonius, les boissons fabriquées en Gaule, telles que la cervoise, étaient consommées par la basse et la moyenne classe, tandis que les riches buvaient des vins d'Italie et de Provence, quelquefois trempés d'eau, habituellement purs. Diodore de Sicile montre les marchands d'Italie vendant leur vin le long des fleuves, et troquant parfois une cruche de vin contre un jeune esclave.

retrouvés jusqu'en Italie. Les inscriptions moulées sur certaines poteries de Banassac : *Remis feliciter-Lingonis feliciter*, sont la preuve que les produits de ces ateliers céramiques n'étaient pas uniquement destinés aux simples besoins locaux, mais étaient envoyés au loin, dans des pays avec lesquels des relations régulières assuraient des débouchés certains.

« A la faveur d'une paix durable, grâce au réseau routier, admirablement tracé, qui relie entre elles toutes les grandes villes de province et que complète l'organisation méthodique de la batellerie fluviale, les échanges commerciaux s'opèrent en toute facilité. A partir de Trajan, les vases de Lezoux pénètrent dans de lointaines régions [1]. » Dès la seconde moitié du IIe siècle, les vases de la Graufesenque s'étaient répandus dans toute la Gaule et en avaient même franchi les limites. Il en était de même pour les produits céramiques de Vienne, aux estampilles célèbres du potier Sewo, et des tuileries Viriana, Kaniniana et Clariana.

Les transports de poteries, ainsi que nous l'avons déjà dit, devaient se faire fréquemment par eau, ce mode de transport évitant à une marchandise fragile les risques de casse auxquels les exposaient les cahots des routes de terre [2]. On a découvert sur plusieurs points, dans l'étang de Vaccarès, à l'Espinguette, entre le Grau-du-Roi et le Grau-Neuf, à Lyon, etc., des amas de poteries provenant de bateaux coulés avec leur cargaison, et un bas-relief, reproduit par M. Espérandieu [3], représente des ouvriers chargeant sur

---

1. DÉCHELETTE, *Les vases céramiques ornés de la Gaule romaine*, t. I, p. 194.

2. Cette méthode de transport est encore usitée de nos jours, et les briques, tuiles et poteries de bâtiment fournissent à la batellerie fluviale un élément de fret considérable.

3. ESPÉRANDIEU, *Recueil général des bas-reliefs de la Gaule romaine*, t. I, n° 685.

un navire de commerce des marchandises qui ont tout à fait l'aspect de poteries.

La Gaule faisait également un grand commerce de laines et de tissus de lin : toiles blanches de Cahors, toiles à voiles et toiles pour la literie ; de tissus de laine et de vêtements confectionnés : draps de Saintes, de Langres, de Tournay et d'Arras, saies militaires d'Arras et vêtements pour les esclaves, tuniques appelées *caracalles*, manteaux à capuchon ou cuculles fabriqués à Langres et dans la Saintonge, draps rouges, dont la qualité supérieure égalait la pourpre d'Orient.

Ajoutons, enfin, que la métallurgie était toujours en honneur, et que, sous l'Empire, les forges gauloises n'avaient rien perdu de leur ancienne réputation [1].

II

LES GRANDS ITINÉRAIRES FLUVIAUX

La circulation fluviale de toutes ces marchandises s'exerçait sur la partie des fleuves et des rivières praticable pour les bateaux, et s'avivait particulièrement aux confluents des cours d'eau navigables [2], ainsi qu'aux

1. « Tout ce pays (Bituriges et Eduens) avait l'air d'un vaste atelier métallurgique. C'est le même où fument de nos jours les cheminées de Bourges, de Vierzon, de Decize, de Fourchambault, du Creusot. » (BLOCH, *Histoire de France publiée sous la direction de Lavisse*, t. I, p. 365).

2. M. C. Jullian fait remarquer l'extension vers le confluent de l'Oise des trois tribus gauloises des Parisii, des Véliocasses et des Carnutes, dont les territoires convergeaient vers Andrésy. « Il est probable, ajoute-t-il, que les Parisii ont tenu à mettre la main sur le cours inférieur de l'Oise et sur son confluent avec la Seine ; ce confluent était nécessaire à leur existence économique, faite surtout de commissions et de batellerie. Au point de vue militaire, la région de Paris s'arrête en aval de la Seine, au défilé de la Frette et au massif de Cormeilles, qui ferme si bien le fleuve.

lieux où les routes de terre venaient aboutir aux rivières et les franchir, en établissant des points de contact auxquels venaient se souder les deux genres de transports, fluvial et terrestre.

Cette navigation comportait quelques grands itinéraires, empruntant plusieurs cours d'eau séparés par des seuils de portages que les marchandises franchissaient en usant des routes de terre, et dont les directrices n'avaient guère changé depuis l'époque lointaine où les premiers trafiquants avaient commencé à tracer à travers la Gaule les routes de l'étain. Le plan général de plusieurs de ces itinéraires était déjà indiqué par Strabon dans un des textes que nous avons cités au début de notre travail.

Le Rhône et le Rhin. — Le Rhône était la grande artère, le tronc commun auquel venaient se ramifier la plupart de ces lignes fluviales. Deux de ces itinéraires mettaient le fleuve en communication avec le Rhin.

Le premier quittait le Rhône à Lyon, remontait la Saône jusqu'à l'embouchure du Doubs et suivait cette rivière aussi longtemps qu'elle était navigable. Puis, par le seuil peu sensible qui, vers Montbéliard, sépare les eaux destinées au Rhône et au Rhin, il gagnait par terre le haut cours de ce dernier fleuve, vers Augst (*Augusta Rauracorum*), placée au-dessous des petites cataractes du Rhin, non loin des gués connus des naturels du pays [1], au point où le fleuve pouvait commencer à porter bateau.

Mais au point de vue commercial cette région n'est complète que si, au confluent de la Marne, s'ajoute celui de l'Oise. C'est pour cela que les Parisii ont pris ce confluent » (JULLIAN, *Les Gaulois au confluent de l'Oise. Revue des Études anciennes*, t. XIII, p. 472).

1. « Ecce autem ex improviso index quidam regionum gnarus advenit, et mercede accepta vadosum locum nocte monstravit, unde superari potuit flumen. » (AMMIEN MARCELLIN, l. XIV, 10).

Le second itinéraire empruntait également le Rhône et la Saône, remontait cette rivière plus haut que le précédent et gagnait par un portage la Moselle, qu'on descendait jusqu'au Rhin. L'importance de cette deuxième route était telle que, comme nous le verrons plus loin, il avait été question de la rendre navigable d'un bout à l'autre, en réunissant par un canal la Moselle à la Saône.

Le Rhône et la Loire. — Le Rhône était relié à la Loire par trois passages principaux.

Le premier, le plus méridional, empruntait l'Ardèche sur une partie de son cours, franchissait le col du Pal, dans le voisinage duquel on a retrouvé des restes de voies antiques, et descendait dans la vallée de l'Allier.

Le second suivait le Rhône jusqu'à Lyon et, par la montagne de Tarare, gagnait la Loire à Roanne, très ancienne tête de ligne de batellerie fluviale.

Enfin, le dernier remontait la Saône jusqu'à Chalon, se dirigeait vers Autun par la trouée de Chagny, seuil de passage pratiqué de toute éternité, surveillé par les anciens oppida de Chassey, du Mont-de-Sène et de Rome-Château, puis, suivant les vallées de l'Arroux, de l'Alène et de l'Aron, atteignait la Loire à Decize.

M. Rochetin indique une autre jonction du Rhône et de la Loire, qui aurait encore moins emprunté du cours du premier fleuve. Les bateaux venus du Midi se seraient arrêtés à Beaucaire, à l'endroit même où venait aboutir la Voie Domitienne. Les chariots de transbordement auraient suivi cette voie jusqu'à Nîmes, pour remonter, par l'importante voie du Centre, dite voie Regordane, jusqu'en Auvergne, et, de là, jusqu'aux bords de la Loire [1].

---

1. ROCHETIN, *Étude sur la viabilité romaine dans le département de Vaucluse*, 1883.

Le Rhône et la Seine. — La jonction du Rhône et de la Seine s'opérait par deux voies.

On commençait toujours par remonter la Saône, puis, par les seuils du plateau de Langres ou de la Bourgogne, on gagnait la Haute-Seine, probablement vers Troyes, qui semble la limite extrême de navigabilité du fleuve.

Par ces mêmes seuils de Bourgogne, la seconde voie se dirigeait vers Auxerre ou Sens, où l'on s'embarquait sur l'Yonne qui conduisait à la Seine.

L'un des itinéraires terrestres les plus fréquentés entre la Saône et la Seine était celui qui, par Dijon et les vallées de l'Ouche et de l'Oze, venait déboucher dans la plaine des Laumes, au pied de la colline qui portait l'ancien oppidum gaulois, devenu la ville gallo-romaine d'Alesia. Il est à noter que cette plaine est encore, de nos jours, un carrefour de premier ordre, où viennent se juxtaposer toutes les voies de communication en usage aujourd'hui : routes de terre, canal et voies ferrées.

La Garonne. Route du Sud-Ouest. — La route du sud-ouest, qui reliait la Méditerranée à l'Océan, se rapprochait sensiblement du tracé de notre canal du Midi. Elle remontait l'Aude sur un parcours très minime, et, de là, par le col de Naurouze, passage en quelque sorte indispensable, la route de terre gagnait Toulouse, où commençait la navigation sur la Garonne.

III

PÉAGES ET IMPÔTS

Droits de péages. — Il y a tout lieu de supposer que, dès que le mouvement commercial prit quelque intensité et emprunta avec un peu de régularité le cours de certaines rivières, les populations riveraines cherchèrent à profiter de cet état de choses pour en tirer des ressources. Nous ignorons, bien entendu, en quel lieu et en quel temps prit naissance cette sorte de rançon imposée aux trafiquants de passage, mais il est vraisemblable qu'elle fut presque aussi ancienne que les premières relations commerciales elles-mêmes. En tous cas, les perceptions de ce genre fonctionnaient régulièrement en Gaule bien avant la conquête romaine. On devait en acquitter pour passer de cité à cité, et, d'après M. Jullian, il serait possible que, parmi les noms de lieux d'origine celtique qu'on rencontre aux frontières des cités, quelques-uns eussent le sens de « péages »[1]. Il fallait payer des droits considérables pour franchir les passages des Alpes vers le Rhône et le lac Léman[2], et César nous parle des tributs prélevés par les Vénètes sur les navigateurs qui fréquentaient leurs ports[3].

Les fleuves étaient aussi des sources de droits qu'on se disputait âprement, et c'est ainsi que la possession exclusive du cours de la Saône et des péages qui s'y percevaient était une cause de contestations incessantes entre les deux peuples riverains, Éduens et Séquanes[4]. Ces droits étaient affermés, et les familles influentes et

1. JULLIAN, *Histoire de la Gaule*, t. II, p. 55, note 3.
2. CÉSAR, *De bello gallico*, III, 1.
3. CÉSAR, *De bello gallico*, III, 8.
4. STRABON, *Géographie*, traduction Tardieu, l. IV, ch. III, 2. D'après M. Jullian, il faut chercher ces territoires contestés sur la rivière, à un endroit du passage où les terres des Éduens et des Séquanes se sont touchées. Il semble que ces deux peuples se soient rencontrés sur la Saône, entre Verdun, au confluent du Doubs, et Pontailler, à celui de l'Ognon. C'est sur cette ligne, et peut-être aux passages fréquentés de Saint-Jean-de-Losne et d'Auxonne, qu'a dû naître la querelle.

redoutées profitaient de leur situation pour se faire adju-
ger à bas prix la perception de ces redevances [1].

Le seul ouvrage artificiel destiné à améliorer la navigation sur lequel nous possédons quelques renseignements,
le canal des Fosses Mariennes, était également soumis à
des taxes du même genre. La propriété en avait été con-
cédée aux habitants de Marseille, pour les récompenser
de la bravoure qu'ils avaient déployée dans la campagne
contre les Ambrons et les Taygènes, et cette concession
était devenue pour eux une source de grands profits, en
leur permettant de lever des droits sur tous les bateaux
qui remontaient ou descendaient le fleuve [2].

Le Portorium. — Plus tard, lorsque l'organisation
administrative et financière de Rome fut appliquée à la
Gaule, les marchandises qui circulaient sur le territoire
de ce dernier pays furent soumises à un impôt de transport, le *portorium*, qui était exigé au moment où celles-
ci passaient à certains endroits déterminés [3]. Les droits
se percevaient, soit à la frontière de l'empire ou des différentes provinces qui le composaient, analogues à nos
droits de douane et tombant dans la caisse de l'État ; soit
à l'entrée de certaines villes, perçus alors au profit de
celles-ci, et semblables à nos droits d'octroi ; soit à certains points des routes ou au passage des ponts, semblables aux anciens péages, si nombreux autrefois et
maintenant à peu près complètement abolis, tout au
moins dans notre pays [4].

1. César, *De bello gallico*, I, 18.
2. Strabon, *Géographie*, traduction Tardieu, l. IV, ch. I, 8.
3. D'après M. Jullian (*Gallia*, p. 91), le *portorium* était moins
un droit de douane qu'un droit de circulation. Cet impôt était
prélevé sur les marchandises, en vue d'assurer le bon entretien
des routes et des ponts.
4. Cagnat, *Étude historique sur les impôts indirects chez*

La Quadragesima Galliarum. — Au point de vue douanier, toutes les provinces de la Gaule formaient une seule région, dans l'intérieur de laquelle se percevait la *Quadragesima Galliarum*, impôt égal au quarantième de la valeur des objets transportés, soit 2 1/2 pour 100. La perception de ce droit était constatée par l'apposition sur les sacs, les caisses ou les ballots, d'un plomb traversé par une corde et revêtu d'un sceau [1] (*Fig.* 1). Un grand nombre de plombs de ce

Fig. 1. — Plombs de douane de la station d'Arles, trouvés dans la Saône, à Lyon. — Extrait de la planche II du Catalogue des plombs antiques de la Collection Récamier, par M. Dissard.

genre ont été trouvés dans la Saône, à Lyon, qui semble avoir été le centre administratif de cette organisation

les Romains jusqu'aux invasions des Barbares. — Des péages nombreux, probablement hérités de l'époque gallo-romaine, subsistaient encore au VIIe siècle, où nous voyons que les bateaux, sur la Seine étaient soumis aux droits de navigation (*navigios*), droits de débarquement (*portaticos*), droits de ponts (*pontaticos*), et droits de stationnement (*rivaticos*).

1. Sur les modes d'application des plombs, consulter : DISSARD, *Collection Récamier. Catalogue des plombs antiques*, 1905. — PROU et ROSTOVTEW, *Catalogue des plombs de l'antiquité, etc., de la Bibliothèque Nationale*, 1900. — MOWAT, *Bulletin de la Société des Antiquaires de France*, 1895, p. 215, à propos de plombs trouvés dans le Tibre, de destination commerciale, ayant servi à sceller des ballots de marchandises expédiés d'Égypte à Rome, par le port d'Ostie et le Tibre.

douanière, dans laquelle étaient comprises aussi bien les voies fluviales que les routes de terre (DISSARD, *op. cit.*).

Différents noms de villes ont été relevés sur ces plombs commerciaux : *Statio Arelatensis* (Arles), *Rusicade* (Philippeville), *Cularo* (Grenoble), *Vienna* (Vienne), *Augusta Treverorum* (Trèves). Sur un assez grand nombre de sceaux figurent des numéros, précédés ou suivis du mot LEGIO, ou de l'abréviation LEG. C'étaient probablement des plombs destinés à assurer la franchise douanière aux bagages qui en étaient munis, les armées n'étant pas soumises au portorium (CAGNAT, *op. cit.*).

Au point de vue de la navigation intérieure, en dehors de Lyon, l'existence de bureaux de douane a été constatée dans d'autres villes possédant des ports fluviaux, à Vienne, à Arles, à Metz et à Trèves.

CHAPITRE III
LES COURS D'EAU AU POINT DE VUE
RELIGIEUX ET JURIDIQUE

I

CULTE DES RIVIÈRES NAVIGABLES

L'esprit religieux des anciens, qui tendait à diviniser tout ce qui constituait des phénomènes ou des forces physiques, tout ce qui, dans la nature, était pour l'homme un objet de crainte, ou lui permettait, au contraire, d'assurer son existence, sa sécurité et son bien-être, n'avait pu laisser de côté les eaux, l'un des facteurs les plus importants de l'existence humaine. Chez les Romains, les sources et les fleuves, entourés d'une vénération toute particulière, recevaient des hommages comme les divinités les plus fêtées de l'Olympe. De nombreux textes, bien connus et qu'il serait inutile et trop long de rappeler ici, témoignent de ces antiques pratiques religieuses, qui s'appliquaient aussi bien aux eaux courantes qu'aux sources thermales, dont les vertus bienfaisantes étaient célébrées par toute une clientèle de dévots reconnaissants [1].

1. Cette question du culte des eaux, et notamment des eaux thermales, a été étudiée dans notre ouvrage : *La Gaule thermale*, publié avec la collaboration médicale de M. le docteur Percepied, p. 149 à 303. Paris, Plon-Nourrit et Cie, 1907.

Sur ce terrain, l'entente se fit facilement, après la conquête, entre Romains et Gaulois. La nature fournissait également un abondant contingent de divinités au polythéisme gaulois. Le culte des eaux, en particulier, était très en faveur chez nos ancêtres, et les noms de quantité de divinités gauloises étaient certainement des noms de sources ou de rivières. Il y a tout lieu de croire que cette religion remontait, en Gaule, à une très haute antiquité et s'était développée chez ses anciens habitants bien antérieurement à l'époque dite celtique [1].

Inscriptions. — Les ruines du temple érigé aux sources de la Seine ont fourni de nombreuses inscriptions consacrées à la déesse *Sequana*, parmi lesquelles nous nous bornerons à citer les trois suivantes :

Nº 2	Nº 3
AVG SAC. DOA	AVG .SAC
PRO	DEAE · SEQ
PRO SECVAN	FL FLAVIL
C M	PRO · SAL
V S L M	FI LVNA
(*C. I. L.*, XIII, 2863.)	NEP· SVI
	EX· VOTO

Nº 4   V · S · L · M

DEAE SEQVANA RVFVS DONAVIT   (*C. I. L.*, XIII, 2862.)
(*C. I. L.*, XIII, 2865.)

1. « Parmi toutes les nymphes des eaux, écrit M. Gaidoz, auxquelles des ex-voto ont été offerts en Gaule : Accionna, Aventia, Carpunda, Clutonda, Divona, Ura, il en est peu dont les noms soient celtiques. Les cours d'eau divinisés Icaunis, Matrona, portent des noms qui peuvent être antérieurs à l'occupation des Gaules par les Celtes, et qui, en tout cas, ne s'expliquent pas facilement par les langues celtiques. » (DOTTIN, *Manuel celtique*, p. 240).

Trois inscriptions de Vaison s'adressent à la divinité topique de la rivière l'Ouvèze, le dieu *Vasio* :

N° 5	N° 6	N° 7
VASION	VLAV	VASION
M L H O M	VASIONI	ESSIVS
L V S L	RIVII	
(*C. I. L.*, XII, 1336.)	(*C. I. L.*, XII, 1137.)	
		(*C. I. L.*, XII, 1338.)

A la source de la Marne, au lieu dit « la Marnotte », près Balesmes, à 5 km. de Langres, l'affranchi Successus élève à ses frais une enceinte en pierres autour du temple de la Marne (*Matrona*)[1] :

N° 8

SVCCESSVS

NATALIS·L

MACERIEM

CEMENTICIM

CIRCA·HOC·TEM

PLVM·DE·SVA·PE

CVNIA·MATRO

NAE·EX·VOTO SVS

CEPTO

V·S·L·M

(*C. I. L.*, XIII, 5674.)

« Cette inscription nous apprend qu'il y avait, aux sources de la Marne, un temple consacré à la nymphe du lieu ; les substructions en ont été découvertes en 1805 par le sous-préfet Berthot, qui en fit dresser un

---

1. « Ce nom de Matrona, d'apparence toute latine, est, en réalité, préromain et sans doute préceltique ; il doit signifier *cau-mère.* » C. JULLIAN. — Appliqué peut-être d'abord à la source, il s'est étendu à toute la rivière.

plan, celui qu'on trouve gravé par Luquet en tête de ses *Antiquités de Langres*.[1] »

Une inscription découverte en 1721, à Auxerre, dans l'ancien mur d'enceinte gallo-romain, est consacrée à la déesse auguste de l'Yonne (*Icauna*) :

Nº 9

AVG· SACR· DEAE

ICAVNI

T·TETRICIVS AFRICAN

D   S   D   D

(*C. I. L.*, XIII, 2921.)

A Flémalle, près de Liège, une inscription qu'on dit provenir d'un temple situé près de la Meuse réunissait la divinité protectrice de cette rivière à Jupiter, à Junon, à Minerve et à Diane[2] :

Nº 10

I·   O·   M

ⱵIVNONI MINERVAE DI

I IN FLVMINIS MOSA

(*C.I.L.*, XIII, 3605.)

Trois inscriptions de la région du Rhin mentionnent ce fleuve invoqué comme divinité.

Les deux premiers proviennent de *Regiomagum* (Remagen) :

---

1. MOWAT, *Inscriptions de la Cité des Lingons. Revue archéologique*, 3ᵉ série, t. XV, mars-avril 1890.

2. Le *Corpus* donne également de cette inscription une autre lecture, dans laquelle ne figure pas le nom de la Meuse :

I·   O·   M

IVNONI · MINERVAE

DIANAE · NYMPHIS

<table>
<tr><td align="center">N° 11</td><td align="center">N° 12</td></tr>
<tr><td align="center">I · O · M · ET</td><td align="center">i   o   m</td></tr>
<tr><td align="center">GENIO LOCI</td><td align="center">et GENIO LOCI</td></tr>
<tr><td align="center">CI · ET RHE</td><td align="center">flVMINI · RHE</td></tr>
<tr><td align="center">NO CL · MAR</td><td align="center">NO T · FLAVIVS</td></tr>
<tr><td align="center">CELLINVS BI</td><td align="center">LO · BF SALV</td></tr>
<tr><td align="center">COS · V · S · L · M</td><td align="center">IANI · COS</td></tr>
<tr><td align="center">IMP · COMMODO</td><td align="center">S · L · M</td></tr>
<tr><td align="center">VI · COS</td><td align="center"></td></tr>
<tr><td align="center">(C. I. L., XIII, 7790.)</td><td align="center">(C. I. L., XIII, 7791.)</td></tr>
</table>

La troisième vient de *Tasgœtium* (Eschenz) [1] :

N° 13

f LVM RHENO

PRO SALVTE

Q · SPICI CRN

(C. I. L., XIII, 5255.)

Représentations figurées. — L'hommage rendu aux divinités des eaux ne se bornait pas toujours à une inscription ; il revêtait quelquefois la forme d'une représentation figurée. Les quatre volumes parus à ce jour du *Recueil général des bas-reliefs, statues et bustes de la Gaule romaine*, de M. Espérandieu, contiennent les reproductions de plusieurs statues représentant des divinités, dont l'identification avec certaines rivières près desquelles elles auraient joué le rôle de protectrices, est, sinon certaine, du moins très probable.

Le Rhône semble figuré dans deux monuments. L'un, provenant d'Aix, représente un fleuve à demi couché,

---

1. « Castellum romanum quod fuit in capite lacus Brigantini in ripa Helvetica, prope Burg bei Stein am Rhein, ubi ponte quoque fluvius transibatur. »

couronné de plantes aquatiques et appuyé sur une urne (*Recueil*, t. I, n° 97). L'autre, provenant de Vienne, est un fragment de bas-relief portant un personnage assis contre un rocher et tenant un roseau à la main.

Sous le n° 1993 du tome III du *Recueil* figure le dessin d'une statue découverte en 1640, entre la rivière d'Arroux et les anciennes murailles d'Autun, représentant un homme couché, appuyé sur une urne. Edme Thomas, auteur de l'*Histoire de l'antique cité d'Autun* (1660), voulait y reconnaître « une effigie de la rivière d'Arroux ».

Les fouilles du temple voisin des sources de la Seine ont fait découvrir, à côté des inscriptions relatives à la déesse Sequana, la statue, sans tête ni bras, d'une femme drapée et chaussée, assise sur un siège en forme de banc, dans laquelle on est d'accord pour reconnaître la représentation de la déesse Sequana (*Recueil*, t. III, n° 2405).

Le Musée de Tours possède un bloc mutilé, provenant des fondations de l'enceinte romaine (*Recueil*, t. IV, n° 2991), sur lequel est sculpté un personnage barbu, à demi couché, le torse nu et les jambes entourées d'un manteau. Nous avons là, très probablement, la représentation d'un fleuve, tout à fait indéterminé d'ailleurs.

L'inscription d'Auxerre, consacrée à la dea Icauna, dont nous venons de parler, était très probablement en rapport avec une statue de femme couchée, que les anciens du voisinage, au dire de l'abbé Lebeuf, avaient vue, trente ou quarante ans avant la découverte de l'inscription, tout près du lieu où la pierre gravée était incrustée.

C'est à Auxerre également qu'a été trouvé, près de la rivière, un chapiteau fort intéressant, conservé au musée de cette ville. Il est orné sur chacune de ses quatre faces de divinités sortant à mi-corps de bouquets de feuilles d'acanthe (*Recueil*, t. IV, nº 2905). Trois de ces divinités représentent Mars, Apollon et Mercure. La quatrième est une déesse drapée, tenant dans chaque main un double faisceau de tiges lancéolées, probablement un foudre, d'après M. Espérandieu. M. Quentin regarde cette effigie comme une image de l'Yonne, portant dans ses mains des branches des plantes aquatiques appelées sagittaires[1].

Signalons également ici, bien qu'il ne rentre pas absolument dans la catégorie des effigies de divinités fluviales, un bas-relief conservé au Musée de la Société archéologique de Beaune, et figurant dans le *Recueil des bas-reliefs*, sous le nº 3584 du tome IV. Ce monument représente une femme debout, drapée, chaussée, couronnée d'une tour, ayant à sa gauche une barque au-dessus d'une urne renversée et un trident. Nous avons là, selon toute vraisemblance, la personnification de la ville de Seurre, sur la Saône, où a été trouvée cette stèle, qui a certainement sa place dans cette petite revue iconographique des effigies à caractère fluvial.

Objets votifs. — Vénérées pour le rôle bienfaisant qu'elles jouaient dans la nature, dispensatrices de vie et de fécondité, considérées même quelquefois comme douées de vertus médicales et honorées à ce titre, les divinités de rivières l'étaient certainement aussi au point de vue du rôle si important que jouaient celles-ci dans l'économie générale du pays, comme voies de commerce et de transport. Il ne me semble pas douteux qu'à ce titre les Icauna, Matrona, Mosa, Rhenus, etc., devaient recevoir les

---

1. QUENTIN, *Histoire de la rivière d'Yonne. Bulletin de la Société des Sciences historiques et naturelles de l'Yonne*, 39e vol., année 1885.

hommages de tous ceux qui vivaient de la rivière, et avoir notamment pour dévots les Nautes qui en affrontaient les dangers et y trouvaient leur gagne-pain.

Je crois qu'on peut voir l'hommage d'un fidèle de ce genre dans un ex-voto en bronze, conservé à Dijon, au

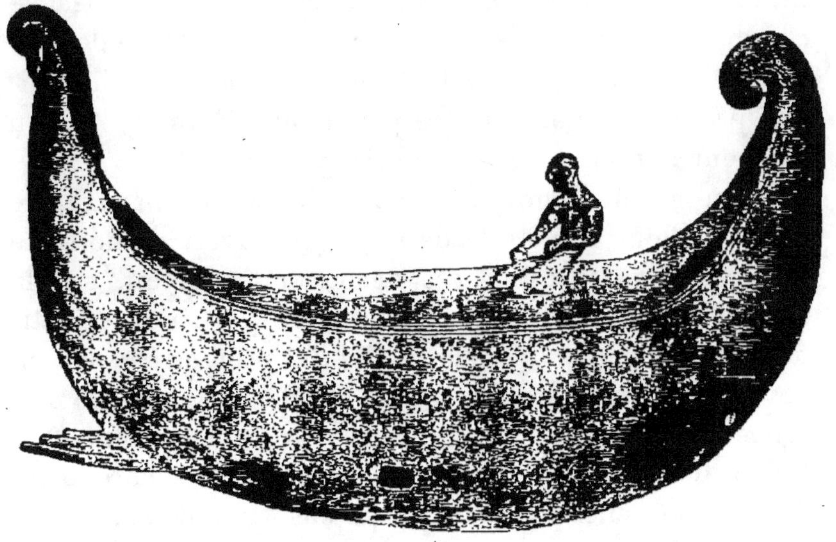

FIG. 2. — Barque votive en bronze, trouvée aux environs des sources de la Seine, et conservée au Musée archéologique de Dijon. — Cliché de M. Drioton.

Musée de la Commission des Antiquités de la Côte-d'Or, et provenant du territoire de la commune de Blessey, près Chanceaux, à peu de distance des sources de la Seine [1]. Ce petit monument représente une barque longue de $0^m 50$ sur $0^m 11$ de largeur et $0^m 16$ de creux, portant un rameur accroupi sur le pont, la tête chauve, et marqué de deux croix dans le dos, en signe d'esclavage. Plusieurs trous pratiqués dans le pont indiquent la place d'autres rameurs qui ont disparu ; il y en avait encore deux en 1843 (*Fig.* 2).

1. *Catalogue du Musée de la Commission des Antiquités de la Côte-d'Or*, p. 146 et pl. XVI.

Le lieu de la trouvaille établit un lien certain entre la rivière de Seine et l'objet découvert, de même que la nature de ce dernier ne semble pas permettre de le ranger parmi les ex-voto ordinaires, à caractère plutôt médical, découverts près de la source elle-même [1]. Son caractère est plutôt en rapport avec la rivière envisagée comme voie navigable, et je suis tout à fait tenté de voir dans la galère de Dijon l'offrande consacrée à la divinité protectrice de la rivière par la piété d'un batelier ou d'un entrepreneur de transports par eau.

Il en est de même d'un autre bateau de bronze, de 0^m 27 de long sur 0^m 08 de large, recouvert d'une belle patine brillante, qui a été découvert à Lyon, sur la colline de Fourvières [2]. Le caractère votif de ce petit monument, dédié à quelque divinité protectrice par un batelier de Lyon, semble tout à fait démontré par la présence de deux anneaux, ayant pu servir à accrocher l'objet dans un sanctuaire, suivant un rite encore usité de nos jours chez les marins, qui suspendent aux voûtes des chapelles des modèles de bateaux, commémoratifs de dangers conjurés ou de vœux exaucés.

II

RÉGIME JURIDIQUE DES COURS D'EAU NAVIGABLES

L'importance de la circulation fluviale et de la batellerie dans le monde romain avait amené la création de toute une législation sur cette matière. La condition

1. BAUDOT, *Rapport sur les découvertes archéologiques faites aux sources de la Seine. Mémoires de la Commission des Antiquités de la Côte-d'Or*, t. II, 1844. — BONNARD et PERCEPIED, *La Gaule thermale.*

2. *Communication de M. Héron de Villefosse à la Société des Antiquaires de France.* Séance du 5 novembre 1902, t. XLVI, 1902.

juridique des cours d'eau au point de vue public et privé, les nécessités de la navigation, les droits respectifs des usagers des rivières et des propriétaires riverains, avaient fait naître une foule de questions, auxquelles les jurisconsultes romains avaient donné des solutions qui montrent bien l'intérêt considérable que les anciens portaient à la navigation sur les fleuves et la protection dont ils jugeaient nécessaire de l'entourer.

Au point de vue juridique, les cours d'eau susceptibles de porter bateau étaient régis par une série de dispositions qui en déterminaient l'usage, et assuraient le libre exercice et la protection de la navigation. La plupart des fleuves ou rivières, ainsi que les ports, étaient *publics*, c'est-à-dire qu'ils devaient être conservés pour l'usage de tous et n'étaient pas susceptibles d'appropriation privée. On rangeait dans la classe de fleuves publics tous les cours d'eau pérennes. Les ruisseaux pouvaient également être publics, s'ils servaient à rendre un fleuve navigable : *Idemque est, si per aliud flumen fiat navigabile* [1].

Quant aux ports, le Digeste nous en donne la définition : *Portus appellatus est conclusus locus, quo importantur merces et unde exportantur* [2].

Les rivières publiques étaient divisées en deux classes : les navigables et les non navigables. On rangeait dans la première classe les cours d'eau simplement flottables, le flottage par radeaux étant assimilé à la navigation : *Navigii appellatione etiam rates continentur : quia plerumque et ratium usus necessarius est* [3].

Sur ces rivières, la navigation était libre, aussi bien que la pêche.

---

1. *Digeste*, édition Mommsen, 1. XXXVIIII, III, 10.
2. *Digeste*, 1. L, XVI, 59.
3. *Digeste*, 1. XXXXIII, XII, 14.

Les berges des rivières navigables ne cessaient pas d'être la propriété des riverains, mais leur usage était public, comme celui du fleuve lui-même [1]. Le caractère public limitait le droit des riverains au point de vue des prises d'eau à pratiquer dans le fleuve, comme aussi au point de vue de la jouissance de la partie de la rive qui était nécessaire pour le service de la navigation.

Pour les prises d'eau, nul riverain d'un cours d'eau navigable n'était admis à en pratiquer sans une autorisation, que l'Administration ne devait pas accorder si la prise pouvait avoir pour résultat de nuire à la navigation en diminuant le débit du cours d'eau : *Si flumen navigabile sit, non oportere prætorem concedere ductionem ex eo fieri Labeo ait, quæ flumen minus navigabile efficiat.*

D'autre part, les rives des rivières navigables étaient soumises à des obligations analogues à nos servitudes de halage et de marchepied. Ces rives constituaient un chemin destiné au passage des hommes ou des animaux qui tiraient les bateaux, et, sur ce chemin, chacun pouvait accoster avec son embarcation, attacher des cordages aux arbres de la rive, déposer sur celle-ci des marchandises ou des objets quelconques, y mettre sécher des filets : *Itaque navem ad eos appellere, funes ex arboribus ibi natis religare, retia siccare, onus aliquod in his reponere, cuilibet liberum est, sicut per ipsum flumen navigare* [2].

Il est probable que la largeur de ces chemins de halage variait suivant l'importance de la navigation sur les fleuves et les dimensions des bateaux qui y étaient employés. Un document du VIe siècle nous fournit une indication sur la largeur de ce chemin en bordure de la Seine. Un diplôme de Childebert, daté de 558, concède

---

1. *Digeste*, l. I, VIII.
2. *Digeste*, l. I, VIII.

des terres sur le bord de ce fleuve, mais sous réserve du chemin destiné à conduire les bateaux à la remonte et à la descente, et la largeur de ce chemin est fixée à une perche, soit douze à treize pieds : *Damus autem hanc potestatem ut cujuscumque potestatis littora fuerint utriusque fluminis, teneant unam perticam legalem, sicut mos est, ad ducendas naves et reducendas.* Ce texte, il est vrai, est postérieur à l'époque qui nous intéresse, mais les mots « *sicut mos est* » constatent que le donateur ne faisait que l'application d'une coutume ancienne, et il est plus que probable que les barbares n'avaient point innové en ces matières et se bornaient à suivre les errements de la législation ou de la pratique des époques précédentes.

La liberté de la circulation sur les cours d'eau navigables, ainsi que l'usage de leurs rives pour les besoins de la navigation, étaient garantis par des dispositions émanant des préteurs, sous la forme d'*interdits*, ayant pour but d'assurer le respect de la loi en ces matières et de réprimer les actes faits en violation de celle-ci [1].

Parmi ces interdits, les uns étaient destinés à pourvoir à ce que personne ne fût empêché par violence de naviguer sur une rivière publique, et de charger et de décharger des marchandises sur la rive : *Prætor ait : Quominus illi in flumine publico navem, ratem agere ; quove minus per ripam onerare, exonerare ; vim fieri veto* [2]. Les autres avaient pour objet de réprimer tous les actes qui, sur le fleuve ou sur ses rives, pouvaient

1. Les interdits étaient des ordonnances, rendues en termes solennels et sanctionnées par des actions judiciaires, par lesquelles un magistrat, comme le préteur ou le proconsul, en vertu de son autorité supérieure, commandait à un ou plusieurs particuliers, dans l'intérêt de la paix publique, de faire ou de ne pas faire quelque chose.

2. *Digeste*, l. XXXXIII, XIIII, 1.

avoir pour résultat d'empêcher ou de restreindre la navigation ou le stationnement des bateaux, ou les rendre plus difficiles : *Ait prætor : Ne quid in flumine publico ripave ejus facias, ne quid in flumine publico neve in ripa ejus immittas, quo statio iterque navigio deterior sit, fiat* [1].

Deterior statio, itemque iter navigio fieri videtur, si usus ejus corrumpatur, vel difficilior fiat, aut minor vel rarior, aut si in totum auferatur [2].

Il y avait là, comme on le voit, tout un ensemble de dispositions savantes, et, en même temps, pratiques, comme savaient les étayer les jurisconsultes romains. Ces textes avaient donné lieu à de nombreux commentaires et à des controverses dont on retrouve les échos dans les ouvrages de nos romanistes modernes. Je me suis soigneusement interdit de pénétrer dans ce domaine, me bornant à tracer un tableau sommaire de la législation fluviale, qui, de Rome, avait rayonné sur notre pays, se substituant peut-être à quelques coutumes gauloises, à propos desquelles nous ne pouvons, faute du moindre indice, établir même les plus vagues hypothèses.

1. *Digeste*, 1. XXXXIII, XII, 1.
2. *Digeste*, 1. XXXXIII, XI, 15.

CHAPITRE IV

ÉTUDE PARTICULIÈRE DE QUELQUES FLEUVES ET RIVIÈRES DE LA GAULE ROMAINE

Rhône. — Parmi tout le réseau de navigation intérieure de la Gaule romaine, le Rhône fut toujours considéré comme la route fluviale par excellence. L'ancien chemin de l'étain, la voie antique de pénétration phénicienne et grecque ne perdit jamais une sorte de prééminence sur les autres cours d'eau de notre pays. Strabon le constatait déjà en ces termes : « Le Rhône, à ce point de vue, l'emporte sur tous les autres fleuves ; car indépendamment du grand nombre d'affluents qui, ainsi que nous l'avons déjà dit, viennent de tous côtés grossir son cours, il a le double avantage, et de se jeter dans notre mer, laquelle offre de bien autres débouchés que la mer Extérieure, et de traverser la partie la plus riche de la contrée [1]. » Et, plus tard, Dion et Ausone vantent le Rhône, par lequel arrivait à la Gaule, et se transmettait jusqu'aux pays les plus reculés, le commerce du monde romain.

De tout temps, la navigation avait été extrêmement active sur le Rhône. Nous savons qu'elle l'était déjà au temps d'Annibal, et que celui-ci, lorsqu'il eut à faire effectuer par son armée le passage du fleuve, trouva facilement des barques de toute espèce qui servaient aux

1. STRABON, *Géographie*, traduction Tardieu, l. IV, ch. I, 2.

usages journaliers des riverains du fleuve [1]. Par la suite, nous voyons que le Rhône n'était pas accessible seulement à des barques de faible dimension, mais qu'il recevait également les plus gros navires, même ceux qui ne naviguent ordinairement qu'à la voile [2].

L'intensité de la navigation rhodanienne avait conduit de bonne heure les riverains du bas fleuve à s'occuper des moyens de remédier à l'instabilité et à l'ensablement de ses embouchures. Marius avait tourné la difficulté en faisant creuser latéralement au fleuve le canal des Fosses-Mariennes, pour porter remède, dit Solin, à la dangereuse navigation du Rhône impétueux [3]. Ce canal, dont nous parlerons plus longuement au chapitre V, lorsque nous nous occuperons des ouvrages de navigation, avait été concédé en toute propriété aux Marseillais, pour qui les taxes perçues sur les bateaux qui en faisaient usage constituaient une somme appréciable de revenus. Dans le voisinage de l'entrée du canal, et peut-être à l'une de ses bouches, rectifiée ou creusée par les Marseillais, s'ouvrait le port des Fosses-Mariennes, indiqué par une vignette demi-circulaire sur la carte de Peutinger, et que nous voyons figurer dans l'*Itinéraire maritime* d'Antonin :

A Dilis Fossis Marianis, portus . . . . mpm xx
A Fossis ad Gradum Massilitanorum fluvius
. Rhodanus . . . . mpm xvi
A Gradu per Fluvium Rhodanum Arelatem . mpm xxx

1. « Itaque ingens coacta vis navium lintriumque temere ad vicinalem usum paratorum. » (Tite-Live, XXI, XXVI.)

2. « Hinc Rhodanus, aquis advenis locupletior, vehit grandissimas naves, ventorum difflatu jactari sæpius adsuetas. » (Ammien Marcellin, l. XV, XI.)

3. « C. Marius, bello Cimbrico, factis manu fossis, invitavit mare, perniciosamque ferventis Rhodani navigationem temperavit. »

Dilis semble devoir être placé au port de Sainte-Croix. La position du port des Fosses-Mariennes peut être cherchée à Fos même, ou, d'après Aurès, vers l'étang de la Fousse, très sensiblement au milieu de l'intervalle compris entre Fos et l'étang de Galéjon. Les navigateurs qui ne prenaient pas le canal et préféraient la voie fluviale se rendaient du port des Fossæ au Gradus Massilitanorum, le Grau [1] des Marseillais, qui correspond à l'embouchure occidentale du Rhône, et remontaient ensuite le fleuve, comme l'indique l'Itinéraire, jusqu'à Arles, sur une distance de trente mille pas.

Le peu de relief de la côte dans cette partie du golfe et l'absence de tous points de repère avaient déjà frappé les anciens, qui cherchèrent à porter remède à ce dangereux état de choses.

« L'entrée du Rhône, disait Strabon, est difficile à cause de la violence du courant et par le fait des atterrissements et du peu d'élévation de la côte, qu'on a peine à apercevoir même de près par des temps couverts, ce qui a donné l'idée aux Massaliotes d'y bâtir des tours en guise de signaux [2]. » M. Allard pense que des signaux lumineux étaient établis sur ces tours, ou tout au moins sur l'une d'elles [3]. C'est aussi l'opinion de M. Léger [4] et du rédacteur de l'article *Pharus*, du *Dic-*

---

1. Les *graus* sont, à proprement parler, des coupures du cordon littoral, que les cartes anciennes et les idiomes du Languedoc et de la Provence désignent sous les noms de *gras, graos, graou*, et dont l'étymologie latine est évidemment *gradus*, passage. (LENTHÉRIC, *Les villes mortes du Golfe de Lyon*, p. 180.)

2. STRABON, *Géographie*, traduction Tardieu, l. IV, ch. I, 8.

3. ALLARD, *Les Phares*, 1889.

4. LÉGER, *Les Travaux publics, les Mines et la Métallurgie au temps des Romains*, 1895. L'atlas qui accompagne l'ouvrage renferme un dessin représentant un rivage où se dressent plusieurs de ces tours de signaux, d'après une peinture de Pompéi, planche VIII, f. 26.

tionnaire de Daremberg et Saglio. Cette idée est très vraisemblable, bien qu'elle ne s'appuie sur aucune preuve écrite, ni sur aucun indice matériel.

Il semble que les moindres traces de ces tours des Marseillais aient disparu ; du moins on ne connaît pas de vestiges anciens qui puissent leur être attribués avec certitude. Pour Desjardins, ces tours surmontaient deux massifs importants existant entre l'étang de la Roque, à l'Ouest, et l'étang de Galéjon, à l'Est : « De ces deux reliefs, un seul est désigné par le nom de constructions qu'il supporte, le moulin de la Roque et le poste de douane. Ce prétendu moulin n'est autre chose qu'une tour circulaire, probablement fort ancienne. En face, à l'Ouest, séparée par un ancien lit parfaitement reconnaissable, est une autre colline rocheuse supportant les ruines d'une construction du Moyen Age, appelée dans le pays *Castellaz*..... Il nous paraît que ce repère, important pour la marine au Moyen Age, représente, ainsi que le Castellaz, la position des tours des Marseillais dont parle Strabon, et qu'ils marquent une des entrées des Fosses-Mariennes [1]. »

M. Blancard semble partager cette opinion. Pour lui, l'une des tours était sur le mamelon de la Roque du Moulin, alors une île, l'autre sur l'îlot de la Tour de Bouc, qui portait encore, au XIIe siècle, le nom de *Castrum Massiliense* [2].

M. Salles pense que les tours devaient s'élever à l'entrée même du Grau de Galéjon et qu'elles ont été détruites par la mer [3]. Cette disparition est également admise par M. Lenthéric : « Il est fort regrettable de ne

1. DESJARDINS, *Géographie historique et administrative de la Gaule romaine*, t. I, p. 204.

2. *Congrès archéologique d'Arles*, 1876, p. 515.

3. *Note sur le Camp et le Canal de Marius. Congrès archéologique d'Arles*, 1876, p. 250 et suiv.

pouvoir retrouver aujourd'hui l'emplacement de ces anciens sémaphores..... Les archéologues signalent, à la vérité, sur la rive gauche du Rhône, les ruines d'une tour gallo-romaine qui pourrait bien être une des tours de Strabon; mais il convient de n'accepter cette interprétation qu'avec une entière réserve [1]. »

L'embouchure du Rhône franchie, à la limite indécise du fleuve et de la mer, devait se trouver, dans la zone voisine du point nommé Chamone sur la carte de l'État-Major, un port, à la fois port en mer et en rivière, dont nous ne connaissons que le nom, révélé par une inscription trouvée dans les marais de la Camargue et conservée au Musée de Nîmes. Voici ce texte, gravé sur deux faces d'une pierre de calcaire grossier :

N° 14.

1re face	2e face
....	....
MO RTE M . S V	PRAE
HS[XX] · I TEMQ	PORTVMCA
EDI A FVNDOS	NVM AD · RI
VM CRINDAVI	MINIS · RH
AD RIPAM FLV	DEDIT
IS RHODANI	
DEDIT	

Le *Corpus* (XII, 3313) l'interprète ainsi : *Post mortem suam (vel suorum) his vicies (centena millia) itemque prædia fundos portum Crindavinum ad ripam fluminis Rhodani dedit.*

C'est à ce port que « devait vraisemblablement se trouver, dit M. Lenthéric, un poste de ces anciens gardiens du Rhône, préposés, sous la domination romaine,

1. Lenthéric, *Le Rhône*, t. I, p. 390.

à la navigation du fleuve, et dont le chef, qui portait le nom de *Comes ripæ Rhodani*, était une sorte de commissaire maritime résidant à Arles, ainsi que semblent le prouver quelques anciens textes épigraphiques [1] ». Le texte cité à l'appui de cette hypothèse est la longue inscription du tombeau de Flavius Memorius (*C. I. L.*, XII, 673), qui se trouvait autrefois au cimetière des Alyscamps, à Arles, et qui est conservé actuellement au Musée de Marseille. Nous ne le rapporterons pas en entier, et nous bornerons à signaler que la partie de l'inscription : COMES RIPE AN I, où l'on a voulu voir le titre *Comes ripæ Rhodani*, semble devoir être lu ainsi : *Comes ripæ annum I*, et indiquerait que, parmi ses nombreuses fonctions, Flavius Memorius aurait exercé, pendant un an, celle de gouverneur militaire sur la rive méridionale du Danube [2].

Nous voici arrivés, au point où le Rhône se divise en deux bras qui vont enserrer l'île de la Camargue, devant la métropole commerciale de la région du Bas-Rhône, l'ancienne colonie grecque, devenue colonie romaine, puis résidence impériale, devant cette ville d'Arles, la Rome des Gaules, *Gallula Roma Arelas*, qui s'était fondée et avait grandi dans une situation exceptionnellement favorable au point de vue de la navigation. Là s'arrêtait la navigation maritime et commençait la batellerie fluviale, tandis qu'autour de la ville une ceinture d'étangs, aujourd'hui desséchés, entretenait une circulation par eau d'un autre genre.

Cette importance particulière de la situation nautique de la ville servait de thème aux images poétiques d'Ausone [3] :

---

1. LENTHÉRIC, *Le Rhône*, t. II, p. 467. — *La Grèce et l'Orient en Provence*, p. 306.

2. FROEHNER, *Catalogue des Antiquités grecques et romaines du Musée de Marseille*.

3. «Pande, duplex Arelate, tuos, blanda hospita, portus », etc. (AUSONE, *Ordo nobilium urbium*).

« Ouvre, double Arelas, tes ports, aimable hôtesse!...
Le cours rapide du Rhône te divise en deux parts si
égales que le pont de bateaux qui réunit tes deux rives
forme une place au milieu de ton enceinte. Par ce fleuve,
tu reçois le commerce du monde romain et tu le trans-
mets à d'autres, et tu enrichis les peuples et les cités que
la Gaule renferme dans son large sein », ainsi qu'aux
rhétoriques ampoulées de la chancellerie impériale :
« Ajoutons que le Rhône coule sous ses murs et que la
Méditerranée baigne ses rivages'; ainsi la mer qui l'avoi-
sine et le fleuve qui la traverse la rapprochent des autres
pays et semblent l'unir à eux. Cette cité reçoit donc le
tribut des principales richesses du monde, que lui ap-
portent de toutes parts la voile, la rame, les chariots,
la terre, la mer et le fleuve [1]. »

L'existence de ce double port, auquel semblent faire
allusion les vers d'Ausone : « *Pande, duplex Arelate,
tuos, blanda hospita, portus* », a donné lieu à des divergences d'interprétation. Pour MM. Salles et Desjardins,
ce double port doit s'entendre des rives gauche et droite
du fleuve, toutes deux disposées pour recevoir les embarcations.

M. Rochetin pense qu'Arles possédait effectivement
deux ports : un port maritime situé au midi de la ville,
où remontaient de la mer les vaisseaux de toute dimension, et un port sur le fleuve pour les bateaux qui en
descendaient [2].

M. Lenthéric admet, lui aussi, l'existence de deux ports
distincts, l'un sur le Rhône, l'autre sur les étangs. Il
devait y avoir, dit M. Aurès, qui partage ce sentiment,

---

1. Rescrit des Empereurs Honorius et Théodose le Jeune,
adressé, en l'an 418, au Préfet des Gaules, siégeant dans la ville
d'Arles.

2. *Arles antique. Congrès archéologique d'Arles*, 1876, p. 285.

des quais d'embarquement et de débarquement sur les deux rives, mais la réunion de ces quais ne pouvait constituer qu'un seul et unique port.

La direction des rivages antiques a été nettement déterminée lorsqu'il a été pratiqué, sur les quais actuels, des sondages qui ont permis de constater l'existence d'innombrables débris de poteries rejetés sur les bords par les navires grecs et romains, débris qu'on voit, d'ailleurs, lorsque, en temps de sécheresse, le niveau du fleuve descend exceptionnellement à 1 mètre ou 1 ^{m} 50 au-dessous de son étiage[1].

De cet intense mouvement de navigation était née toute une population qui vivait de la batellerie maritime et fluviale, de la navigation sur les étangs et du service des ports. Il avait également fait d'Arles un centre de constructions navales de la plus grande importance. Les chantiers de la ville étaient déjà en pleine activité quarante-sept ans avant J.-C., alors que César, assiégeant Marseille par terre et par mer, leur demandait douze vaisseaux de guerre, qui furent construits et armés en trente jours[2]. Une telle rapidité d'exécution prouve que la cité possédait alors des chantiers bien organisés et des ouvriers nombreux et expérimentés. Deux inscriptions (nos 62 et 76) nous ont conservé le souvenir de ces *fabri navales*, dont les chantiers, d'après M. Véran, devaient se trouver dans le vieux bourg, aujourd'hui la Roquette, sur le même point où ils se sont maintenus jusqu'au commencement du XIXe siècle, à l'écluse du canal.

En amont d'Arles, un centre de batellerie s'était formé entre Tarascon et Beaucaire [3], au point où exista de tout

1. Communication de M. Véran.

2. « Naves longas Arelate numero duodecim facere instituit. » (CÉSAR, *De bello civili*, 1, 36.)

3. ROCHETIN, *Étude sur la viabilité romaine dans le département de Vaucluse*, 1883.

temps un passage d'eau très fréquenté, reliant la voie du Languedoc, qui aboutissait là, sur la rive droite, aux routes qui, de la rive gauche, rayonnaient vers les Alpes et l'Italie.

Puis venait Avignon (*Avenio*), escale de navigation qui s'était développée auprès de la petite bourgade de pêcheurs et de mariniers, étagée au pied du rocher des Doms, sur les berges et les versants de la colline. M. Lenthéric [1] a esquissé le plan de la ville gallo-romaine, qui, d'après ses recherches, avait accès au fleuve par deux portes donnant sur le port. On les appelait *portæ aquariæ*, et leur nom s'est conservé pendant une partie du Moyen Age. Les bateaux romains venaient ainsi stationner dans la partie du fleuve comprise actuellement entre la grande arche de la rive du pont Saint-Bénézet et la première travée du pont suspendu.

Après avoir dépassé l'embouchure de l'Ardèche, où l'existence d'une corporation de bateliers est la preuve d'un certain mouvement nautique, on rencontrait sur la rive gauche, le *portus Arausiensis*, appelé ensuite port d'Auriac, qui desservait Orange, situé à 8 kilomètres environ à l'intérieur des terres, et qu'une voie reliait à son port fluvial ; puis, ensuite, sur la rive droite du fleuve, à l'entrée de la rivière torrentielle du Doux, descendue des montagnes du Vivarais, un port intermédiaire entre Lyon et Arles, une station de Nautes du Rhône, qui y avaient élevé un monument en l'honneur de l'Empereur Adrien (Inscr. n° 37). D'après l'Abbé Rouchier, on voyait encore, au lieu nommé Saint-Estève, les restes des môles protecteurs à l'abri desquels venait stationner leur flottille [2]. Ce lieu devait être un point d'escale

---

1. LENTHÉRIC, *Le Rhône*, t. II, p. 287.
2. Abbé ROUCHIER, *Histoire religieuse, civile et politique du Vivarais*, 1861.

important, car là s'embranchait sur la grande voie du Rhône une route qui suivait la vallée du Doux pour gagner Desaignes et les hauts plateaux, et qui permettait de diriger par voie de terre des marchandises, à travers les montagnes de l'Helvie, vers le pays des Vellaves et jusque chez les Arvernes. Il résulte de renseignements que M. Guillet, ingénieur des Ponts et Chaussées à Privas, a bien voulu me fournir, après enquête sur place, qu'il ne reste plus, aux environs de Tournon, aucune trace d'ouvrages ayant pu faire partie d'un port gallo-romain.

Ensuite apparaissait Vienne la superbe, *pulchra Vienna*, étageant ses terrasses sur la pente des collines couronnées de fortifications qui encadraient l'embouchure de la petite rivière de la Gère, et communiquant par un pont de pierre avec les riches villas du faubourg de la rive droite. C'était là l'ancien port des Allobroges, où, dès l'époque du siège de la ville par ces derniers (44 avant J.-C.), la batellerie était assez considérable pour que l'on ait pu employer ses barques à conduire hors de la ville les Latins chassés par les vainqueurs.

Lieu de traversée du Rhône sur un des ponts les plus anciens qui aient été jetés sur le fleuve; centre de rayonnement de six routes vers Lyon, les Alpes, la Méditerranée par la rive gauche du Rhône, les Pyrénées par la rive droite et *Alba Helviorum* (Aps); station douanière et place de commerce de premier ordre[1],

1. « Ce n'étaient pas uniquement du blé et du vin qu'elle livrait abondamment au commerce; c'étaient aussi les bois de ses forêts, la pierre et le marbre de ses carrières, les métaux de ses mines, l'élève de ses pâturages, les outres et les sayons de ses manufactures qui, par terre et par eau, étaient exportés au loin. C'étaient encore ses terres cuites aux estampilles célèbres du potier Sewo et des tuileries Viriana, Kaniniana et Clariana, que des radeaux, fabriqués à Genève et à Voludnia sur l'Isère, voituraient par le Rhône et ses affluents, depuis Seyssel et Aix jusqu'à

Vienne vit son importance nautique s'accroître avec le développement du mouvement de transit sur ses routes et sur le fleuve.

Mermet, dans son *Histoire de la ville de Vienne*, donne sur la navigation du Rhône entre Lyon et Vienne des renseignements qui seraient fort intéressants s'ils ne semblaient pas être de pure imagination. Il suppose également que, pour mettre fin à certains conflits qui s'élevaient entre les mariniers de Lyon et ceux de Vienne, il aurait été nommé alternativement, dans l'une et l'autre ville, un administrateur des ports sur le Rhône et la Saône, à qui les bateliers soumettaient le jugement des contestations qui s'élevaient entre eux. L'inscription de L. Helvius (n° 54), à laquelle se réfère l'auteur, en qualifiant ce décemvir de Vienne d'administrateur des ports sur le Rhône et la Saône, est absolument muette sur cette fonction, dont l'existence demanderait à être appuyée de preuves plus sérieuses.

En quittant Vienne, laissons M. Jullian évoquer le tableau mouvementé du fleuve jusqu'aux portes de la métropole des Gaules : « Au Nord de Vienne, une promenade sur le Rhône devait offrir, au II⁰ siècle, un plaisant spectacle. Il roulait ses claires eaux verdâtres entre deux rangées de collines finement découpées : sur les coteaux étincelaient les marbres de riches villas, comme des éclairs au milieu des vertes cultures ou des teintes sombres des bois. Des barques sillonnaient constamment le fleuve ; ici, des bateaux de plaisance, dont la tente de pourpre abritait un puissant fonctionnaire des Gaules ou un riche armateur de Lyon ; plus loin, de lourdes barques chargées de blé, de vins ou de bois de construction :

Orange, Avignon et Nîmes, d'où elles étaient transportées à l'intérieur du pays. » (ALLMER et TERREBASSE, *Inscriptions de Vienne*, t. II, p. 405.)

c'était un mouvement incessant. On approchait de Lyon, la capitale des Gaules [1]. »

La ville fondée, sous les auspices de Munatius Plancus, par les Latins chassés de Vienne par les Allobroges, cantonnée primitivement sur la hauteur de la rive droite de la Saône qui porte aujourd'hui l'église de Fourvières, avait pris rapidement une extension considérable et formait, en réalité, à l'époque de sa grande prospérité, comme trois cités distinctes. Les édifices de la ville officielle, administrative et militaire, entourés d'un demi-cercle de remparts, occupaient le sommet et les pentes de la colline où s'élevait la ville primitive. Sur la hauteur située entre les deux rivières et dominant leur confluent, la cité sacerdotale et religieuse entourait le monumental autel consacré par les Trois Gaules à Rome et à Auguste. La ville de commerce et d'affaires s'étendait sur les deux rives de la Saône, dans les îles du confluent, et débordait même sur la rive gauche du Rhône, à laquelle elle était reliée par un pont servant de tête de ligne aux voies qui rayonnaient vers le lac Léman, les Alpes et la Méditerranée. « En regardant à Lyon même, dit M. Jullian, qu'on peut inépuisablement citer lorsqu'il s'agit de la Gaule, ce confluent si franc et si net, ce merveilleux appareillage de routes fluviales, ces rivières et ces percées aussi régulièrement orientées que si elles étaient l'œuvre d'un calcul augural, cet horizon formé des montagnes souveraines de la France, Alpes et Cévennes, ce spectacle, tantôt des blancs sommets de la frontière, tantôt des masses noires et profondes du centre, cette fuite rapide vers la Méditerranée, cette lente ascension vers la Seine, le Rhin et la Loire, je ne puis m'empêcher d'admirer ici l'ombilic éternel de la Gaule [2]. »

1. JULLIAN, *Gallia*, p. 266.
2. JULLIAN, *Histoire de la Gaule*, t. I, p. 36.

A cette merveilleuse disposition fluviale vint encore s'ajouter un nouvel élément de prospérité, lorsqu'Agrippa, ayant reçu le gouvernement général des Gaules, fit de Lyon le point de départ des quatre grandes voies stratégiques destinées, l'une à relier la « *Caput Galliarum* » à la Voie Domitienne, qui conduisait d'Italie en Espagne, les autres à pénétrer respectivement jusqu'aux extrémités des trois provinces : l'Aquitanique, la Belgique et la Celtique, devenue ensuite la Lyonnaise. Cette organisation routière, qui faisait du confluent du Rhône et de la Saône le centre de concentration et de dispersion des éléments de commerce véhiculés sur les voies terrestres de la majeure partie de la Gaule, ne pouvait manquer d'avoir son contre-coup sur la circulation fluviale, et c'est ce qui contribua à donner à la navigation lyonnaise cet essor qui devait la placer au tout premier rang. Nous verrons plus loin, lorsque nous étudierons les inscriptions lyonnaises relatives à la navigation, l'importance qu'avait à Lyon le monde des armateurs et des entrepreneurs de transports par eau. Actuellement, nous nous bornerons à rechercher ce qui, dans la ville antique, était en rapport direct avec l'objet spécial de nos études.

C'est au pied des deux collines de Fourvières et de Saint-Sébastien que s'étendait la partie fluviale de la ville. Le confluent du Rhône et de la Saône ne se trouvait pas alors au point où l'ont reporté depuis les atterrissement naturels et les ouvrages humains. Les deux rivières se réunissaient une première fois aux environs de la place Bellecour, puis enserraient une île correspondant au quartier d'Ainay, au sud de laquelle les eaux opéraient leur jonction définitive. En amont du premier confluent, à peu près sur l'emplacement actuel de la place des Terreaux, un canal creusé de main d'homme établissait une autre communication entre le Rhône et la Saône.

M. Lenthéric pense que le « *Cannabis* », souvent mentionné par les inscriptions, et qui était situé entre le domaine national des Trois Gaules et l'île d'Ainay, était ce canal de communication [1]. Cette identification ne me semble pas exacte, et ce nom me paraît devoir être attribué, non pas au canal, mais aux quartiers bas et marécageux, bordant le confluent et occupant les îles, sur lesquels s'élevaient les baraquements et les cabanes, les *Kanabæ*, qui servaient d'entrepôts aux commerçants de toute espèce, dont les magasins devaient être voisins de la rivière, et notamment aux marchands de vin, dont la présence « *in Kanabis* » est constatée par de nombreuses inscriptions. A mesure que se développa la prospérité commerciale de la ville et que grandit, par suite, le luxe des trafiquants, des constructions plus solides et plus élégantes se substituèrent aux baraques primitives, et les belles mosaïques ainsi que les marbres précieux découverts sur l'emplacement de l'ancienne île du confluent montrent qu'elle devait être couverte de riches et somptueuses habitations.

Les ports fluviaux qui recevaient les bateaux des Nautes étaient nécessairement très voisins de ces entrepôts, et leur emplacement a pu être déterminé avec une extrême précision [2]. Ces ports étaient distincts, l'un pour les Nautes du Rhône et l'autre pour les Nautes de la Saône, et tous les deux étaient situés sur la Saône. « Le cours du Rhône était trop impétueux et ses crues trop

<hr>

1. LENTHÉRIC, *Le Rhône*, t. I, p. 409.

2. Voir sur ce point : LENTHÉRIC, *Le Rhône*, t. I. — ALLMER et DISSARD, *Musée de Lyon. Inscriptions antiques*, p. 217, 318, 319. — BLOCH, *Histoire de France publiée sous la direction de M. Lavisse*, t. I, II, p. 352. — BAZIN, *Villes antiques. Vienne et Lyon galloromains*, 1891. — STEYERT, *Nouvelle histoire de Lyon et des provinces du Lyonnais, Forez, etc.* 1895. — BREITTMAYER, *Le Rhône. Sa navigation depuis les temps anciens jusqu'à nos jours*, 1904.

soudaines et trop rapides pour que les *Nautæ Rhoda-nici* aient pu établir leur gare sur sa rive ; au contraire, la Saône, au cours paisible, leur offrait, non loin de l'endroit où elle se réunit au Rhône, une anse des plus favorables. » (BAZIN, *loc. cit.*)

Le port des bateliers du Rhône était situé sur la rive droite de la Saône, au point où se trouve actuellement le quartier Saint-Georges. La détermination de cet emplacement résulte de la découverte en ce lieu, encore sur son lit de pose, du piédestal d'une statue élevée sur un terrain concédé par décret de la corporation des Nautes du Rhône (Inscr. n° 39).

Sur la même rive, en amont de ce port, se trouvait celui des Nautes de la Saône, entre le Change et l'église Saint-Paul. Là aussi, non loin de la place du Change, entre les ponts actuels de la Feuillée et de Saint-Vincent, l'épigraphie nous apporte le témoignage d'une base honorifique élevée sur un emplacement donné par la corporation des Nautes de la Saône (Inscr. n° 44). La disposition topographique se prêtait admirablement, ainsi que le font observer MM. Allmer et Dissard, à un travail de ce genre : « A cet endroit, le rivage de la Saône présente un dégagement parfaitement suffisant pour l'établissement d'un port et de ses dépendances. Au contraire, dans la direction d'amont, à partir d'un peu au-dessus de l'église Saint-Paul, le rapprochement du pied de la colline ne laisse nulle part, sur un long parcours, un espace assez large pour une installation de ce genre, et, dans la direction d'aval, précisément en face du Change, un banc de rochers qui barrait, il y a peu d'années encore, presque entièrement le lit de la rivière en rejetant toute l'eau dans un rapide à la rive gauche, opposait à la navigation un obstacle, sinon insurmontable, au moins difficile et dangereux. » (ALLMER et DISSARD, *loc. cit.*)

Là, d'ailleurs, les travaux antiques ont laissé leur trace, car des fouilles opérées en 1740 pour l'établissement des fondations de la loge du Change ont amené la découverte de voûtes souterraines et d'un mur de quai de quatre mètres d'épaisseur auquel étaient appuyées des marches. Le devant des dalles était retenu par des pilotis à double et triple rang, très serrés et garnis de fortes assises en pierres de taille.

En outre, tout récemment, au mois d'avril 1910, on a ramené au jour, en creusant les fondations de la pile de la culée ouest du nouveau pont de la Feuillée, les restes d'un appontement en bois enfoui dans le sable. Ces restes ont dû être retirés par morceaux par la cheminée du caisson à air comprimé. Au-dessus des charpentes gisaient un certain nombre d'objets antiques, parmi lesquels beaucoup de plombs de douane [1].

Quant aux bureaux de douane, dont l'existence à Lyon ne peut faire aucun doute, leur emplacement exact est incertain, mais il est à remarquer que c'est au bas de la montée de la Chana et à Saint-Georges que les découvertes de plombs dans la Saône ont été les plus abondantes. Nous avons déjà parlé plus haut, dans notre chapitre II, des sceaux en plomb ayant un caractère administratif et officiel. A côté de ceux-là, la Saône en a fourni quantité d'autres, portant des inscriptions diverses, notamment des noms de propriétaires de marchandises, et de nombreuses tessères, également en plomb, dans lesquelles on a voulu voir une monnaie fiduciaire, émise par l'autorité publique ou par quelque grande compagnie commerciale, telle que celle des Nautes du Rhône et de la Saône. Il semble plutôt que ces pièces devaient être « employées pour les multiples opérations de contrôle ou de comptabilité des

___

1. Communication de M. Germain de Montauzan.

administrations ou des corporations marchandes établies à Lyon ». Elles servaient, entre autres choses, à payer les portefaix, à qui on en donnait une à chaque fardeau qu'ils avaient transporté, usage qui s'est perpétué, paraît-il, pendant tout le Moyen Age dans la batellerie lyonnaise, et qui, d'après M. Steyert, subsistait encore au commencement du XIXᵉ siècle.

La place prépondérante occupée par Lyon dans l'ensemble de notre ancienne navigation fluviale, ne tenait pas seulement à l'importance considérable de cette ville comme entrepôt et comme centre commercial, mais encore à ce fait qu'elle se trouvait placée dans une situation hydrographique telle que les conditions particulières de navigabilité des cours d'eau qui s'y rencontrent exigeaient, pour chacun d'eux, des genres d'embarcations différents, d'autres formes de bateaux et de nouveaux pilotes, et nécessitaient, par cela même, des transbordements et des changements de nefs et d'équipages. Comme le fait observer si justement M. Vidal de la Blache, Lyon se trouve, à vrai dire, au confluent de trois rivières, car le cours supérieur du Rhône a son régime particulier et sa batellerie spéciale qui s'y termine. Les grandes barques qui circulaient entre Arles et Lyon ne pouvaient pas remonter le fleuve au-dessus de cette dernière ville, et, d'autre part, les bateaux construits pour naviguer sur les eaux calmes de la Saône se gardaient bien d'affronter la navigation singulièrement plus accidentée du Rhône. Lyon était donc le point de contact où venaient se souder et se juxtaposer les batelleries à matériel différent de la Saône, du Rhône inférieur et du Rhône supérieur.

Cette dernière partie du cours du fleuve, en amont de Lyon, sans être aussi fréquentée que l'autre à cause de son régime irrégulier et des difficultés que présentait sa navigation, n'était cependant pas absolument abandonnée. Bien que Festus Avienus représente le Rhône comme navigable depuis sa source « *et fronte prima naviger* », les obstacles naturels qui le rendent impraticable sur certains points au-dessus de l'embouchure du Fier s'opposaient à une circulation ininterrompue entre Lyon et Genève, mais la navigation s'exerçait en amont et en aval de ces points de barrage. Quand les Helvètes tentent le passage du Rhône au-dessus de Bellegarde, ils emploient, non seulement des radeaux (*ratibus compluribus*), mais des bateaux reliés les uns aux autres (*navibus junctis*) [1], ce qui implique l'existence d'une certaine utilisation nautique du fleuve dans la partie voisine du lac Léman.

Plus bas, la vallée s'élargissait, devenait plus riche, plus fertile et plus peuplée ; le fleuve commençait à perdre son allure torrentielle et à devenir accessible à une véritable navigation. « De distance en distance, des débris de fortifications et de canalisation gallo-romaines, des tombeaux, de nombreuses antiquités témoignent de l'importance que la vallée du Rhône avait aux premiers siècles de notre ère, importance tout au moins aussi grande que celle de nos jours [2]. » La navigation pouvait commencer à *Condate*, vers le point où le Rhône reçoit le Fier, mais elle s'activait surtout depuis *Augustum*, situé probablement sur l'emplacement actuel du village d'Aoste, près de l'embouchure du Guiers, lieu où la grande voie venant des Alpes par le Petit-Saint-Bernard atteignait le Rhône. De là, cette voie abandonnait le fleuve pour se diriger directement sur Vienne, et il est bien probable, lorsqu'on connaît les habitudes anciennes de notre pays en matière de transport, que les marchandises venant des Alpes à destination de

---

1. César, *De bello gallico*, I, 8.
2. Lenthéric, *Le Rhône*, t. I, p. 342.

Lyon prenaient, à cet endroit, la voie fluviale, de préférence au chemin secondaire qui dut certainement exister le long du fleuve, entre Augustum et Lyon.

Durance. — En amont d'Arles, le Rhône reçoit, comme premier affluent de gauche, la Durance, dont la navigabilité à l'époque gallo-romaine n'est pas sans soulever des doutes sérieux. Les textes des auteurs anciens, parlant de cette rivière capricieuse et instable, au lit sans cesse changeant, semblent bien autoriser des conclusions négatives [1]. Il résulte de leur lecture que, non seulement la navigation, mais encore les passages à gué devaient être difficiles, ce qui explique l'importance exceptionnelle que semble avoir eu le passage d'eau par bac de Cavaillon [2].

Cependant l'affirmative ne semblait pas douteuse aux auteurs de la *Statistique des Bouches-du-Rhône* [3], qui « avaient des preuves certaines que la Durance était navigable depuis Perthuis », à l'époque gallo-romaine, navigation dont on trouvait encore les traces dans plusieurs chartes des xᵉ et xıᵉ siècles et dans un acte de 1194, exemptant l'abbaye de Saint-Victor des droits que les comtes de Provence avaient coutume de lever sur les bateaux chargés de sel ou de marchandises qui remontaient ou descendaient le Rhône et la Durance.

---

1. « Sparsis incerta Druentia ripis. » (AUSONE, *Edyllia X, Mosella.*) — « Ac vada translata mutat fallacia cursu, Non pediti fidus, patulis non puppibus æquus. » (SILIUS ITALICUS). — « Is et ipse Alpinus amnis longe omnium Galliæ fluminum difficillimus transitu est. Nam cum aquæ vim vehat ingentem, non tamen navium patiens est, quia nullis coercitus ripis, pluribus simul neque isdem alveis fluens, nova semper vada novasque gurgites (et ob eadem pediti quoque incerta est via), ad hoc saxa glareosa volvens, nihil stabile nec tutum ingredienti præbet. » (TITE-LIVE, *Hist.*, l. XXI, 34.)

2. STRABON, *Géographie*, traduction Tardieu, l. IV, c. I, 11.

3. *Statistique des Bouches-du-Rhône*, t. II, p. 177, 234 et 339.

Desjardins[1] avait d'abord pensé qu'à l'époque romaine la Durance était navigable jusqu'à la hauteur de Meyrargues, en face de Pertuis, dont le nom était encore *Portus* au Moyen Age. Il signalait également deux importantes dérivations, dont l'une au moins, passant par la vallée de Saint-Rémy, aurait été navigable, et qui, avant de tomber dans le Rhône, baignaient le pied de la colline de Saint-Gabriel (*Ernaginum*), mettant ainsi cette petite cité en communication par eau, d'une part avec la Durance, d'autre part avec Arles et la mer.

Tel est également le sentiment de M. Lenthéric[2], qui place à Pertuis le port principal sur la rivière, et au bourg de Cavaillon le principal *emporium* de la région et le siège officiel de la corporation des bateliers de la Durance. Pour M. Rochetin[3], Cavaillon était le véritable port et Pertuis marquait la limite de la navigation sur la rivière.

Dans sa dissertation sur la tessère de Cavaillon[4], Calvet, après avoir signalé les difficultés que présentait la navigation de la Durance, ajoute qu'il la croyait possible pour des bateaux portés par des outres. « On ne doit point soupçonner avec Schwaz[5], fait-il remarquer, que la Durance ait été autrefois rendue navigable par les Romains ; cette rivière est indomptable, elle a

---

1. DESJARDINS, *Géographie historique et administrative de la Gaule romaine*, t. I, p. 146 et suiv.

2. LENTHÉRIC, *Le Rhône*, t. II, p. 74.

3. ROCHETIN, *Étude sur la viabilité romaine dans le département de Vaucluse.*

4. CALVET, *Dissertation sur un monument singulier des Utriculaires de Cavaillon. Où l'on éclaircit un point intéressant de la navigation des anciens.* Avignon, 1766.

5. Conjicimus eum (flumen) Romanorum industriâ aliquando navigabilem factum fuisse (SCHWAZ).

toujours eu les mêmes inégalités, ce qui n'empêche point que les barques d'outres ne servissent à la traverser, et même à parcourir le long de ses bords des distances assez considérables. »

Les idées émises par M. Desjardins, empruntées, d'ailleurs, pour partie à la *Statistique des Bouches-du-Rhône*, ont été vivement combattues par M. Gautier-Descottes, dans un compte rendu du premier volume de l'ouvrage de Desjardins, lu à la séance du 22 janvier 1877 de la Société archéologique d'Arles[1]. Pour cet auteur, qui semble appuyer sa discussion sur une connaissance approfondie des localités, la Durance, « qui est un véritable torrent, dont le lit encombré de graviers se compose de lônes variant de un à deux mètres d'altitude de l'une à l'autre, offre une pente de 212 mètres dans les 70 derniers kilomètres de son cours. Elle a toujours été et elle est encore complètement innavigable. Ceci n'était pas ignoré des anciens ». Et il ajoutait que Pertuis avait été un passage et non un port, *portus* signifiant bac ou gué, et que les mots *portum* et *naves* figurant à la charte invoquée dans l'opinion contraire devaient être entendus d'un droit de passage et de barques servant de pontons à un bac.

Quant à la dérivation prétendue navigable de Saint-Gabriel, « cette branche de la Durance, dont on peut encore mesurer le lit, qui n'a pas cinquante mètres, n'a pas été le cours principal de cette rivière torrentielle ; s'il existait à Ernaginum une compagnie de marins de la Durance, ces marins n'avaient d'autre fonction que de transporter de la rive d'Ernaginum à celle d'Ugernum (Beaucaire), au travers de la plaine toujours submergée par les eaux du Rhône, de la Durance et de Mollèges,

---

1. *Le Musée. Revue arlésienne historique et littéraire*, 1877, 3e série, n° 16, p. 123 et suiv.

les voyageurs et les marchandises qui suivaient la voie tracée jusqu'à Ernaginum ».

M. Desjardins semble avoir reconnu la justesse des observations présentées par M. Gautier-Descottes, car il admettait, dans le deuxième volume de son ouvrage, que la Durance n'avait dû être navigable dans aucun temps, et qu'on devait considérer Pertuis comme un point de passage sur la rivière et non comme un port.

Cependant, malgré toutes ces présomptions dont je ne méconnais pas la gravité, il me semble difficile d'admettre qu'aucune espèce de navigation n'était pratiquée sur cette rivière, alors que plusieurs inscriptions mentionnent l'existence de Nautes de la Durance (n⁰ˢ 17, 28 et 29). Il me paraît tout aussi difficile de considérer ceux-ci comme de simples passeurs, dont les fonctions auraient uniquement consisté à transporter d'une rive à l'autre les voyageurs, les animaux ou les marchandises. Je crois donc qu'il faut admettre, jusqu'à preuve certaine du contraire, qu'il s'exerçait sur ce cours d'eau une navigation, probablement très rudimentaire et dont les conditions précises nous sont inconnues, limitée aux périodes de l'année pendant lesquelles la hauteur d'eau était suffisante, et pour laquelle on utilisait un matériel sommaire de radeaux, flotteurs sur outres ou barques à déchirer, mais navigation cependant suffisamment active pour avoir donné naissance à des corporations spéciales de bateliers et d'utriculaires.

Il faut considérer, d'ailleurs, que l'état de la rivière a pu se modifier assez profondément depuis l'époque romaine pour rendre impossible, à l'heure actuelle, une navigation même ainsi restreinte. C'est ce que fait remarquer M. Rochetin dans le travail auquel nous avons déjà fait plusieurs emprunts : « Il faut tenir compte, dit-il, des saignées pratiquées pour le service des canaux d'arrosage. Depuis quarante ans seulement, le débit de cette rivière a très sensiblement diminué ; des trains de bois ou radeaux qui la descendaient au début de cette période sont devenus impossibles aujourd'hui. »

Peut-être aussi doit-on rapporter à la navigation de la Durance la découverte toute récente qui a été faite à Cabrières d'Aygues, sur un de ses affluents, le Colostre, d'un bas-relief funéraire dont nous parlerons plus longuement tout à l'heure, et qui était consacré de la façon la plus évidente à un batelier ou à un armateur fluvial.

Ouvèze. — Sur cette même rive gauche, la Sorgues amenait au Rhône les eaux de l'Ouvèze, rivière à régime torrentiel, aujourd'hui absolument impropre à toute espèce de navigation, mais dont la fréquentation à l'époque gallo-romaine ne peut faire aucun doute.

Nous connaissons par deux inscriptions de Nîmes et de Saint-Gilles (nᵒˢ 29 et 30) l'existence de la corporation de bateliers qui desservait à la fois l'Ardèche et l'Ouvèze, *Nautæ Atricæ et Ovidis*. La navigation a laissé, en outre, des traces matérielles à Vaison, l'ancienne Vasio, bien déchue aujourd'hui de sa splendeur antique, alors que Pomponius Mela la plaçait à la tête des villes opulentes de la Narbonnaise [1]. Au pied du quartier de la Villasse [2], emplacement de la ville

---

1. « Urbium quas habet (Gallia Narbonensis) opulentissimæ sunt : Vasio Vocontiorum, Vienna Allobrogum, etc. » (POMPONIUS MELA, *De situ Orbis*, l. III, c. V.)

2. « A la fin du XIIᵉ siècle, après les violences des comtes de Toulouse, les habitants se réfugièrent sur le versant septentrional d'une colline escarpée sur la rive gauche de l'Ouvèze, et y bâtirent le Vaison moderne, qui n'est plus sur l'emplacement de l'an-

antique, se trouvent des restes encore visibles du quai d'embarquement. Une inondation survenue en 1616 avait fortement endommagé cet ouvrage, qui présentait encore, d'après Breton, des restes considérables de construction en petit appareil [1]. Il en subsiste aujourd'hui, en aval du pont romain, un pan de mur de près de trois cents mètres de longueur, percé de dix à douze bouches d'égout [2].

Ardèche. — L'Ardèche ne nous présente pas de restes d'ouvrages semblables, et les inscriptions dont nous venons de parler sont pour nous les seuls indices de son antique navigation.

Malgré son caractère torrentiel, cette rivière était certainement accessible à des trains ou radeaux et même à des barques plates. En outre, la dernière partie de son cours, vers l'embouchure dans le Rhône, est infiniment plus calme, et se prêtait en tout temps à une navigation régulière [3].

tique Vasio, située vis-à-vis dans la plaine, au quartier appelé « la Villasse. » (LENTHÉRIC, *Le Rhône*, t. II, p. 106.)

1. *Antiquités de Vaison. Mémoires de la Société Royale des Antiquaires de France*, t. XVI, p. 115.

2. LÉGER, *Les Travaux publics, les Mines et la Métallurgie au temps des Romains*, p. 348.

Congrès archéologique de France. Session tenue à Avignon en 1909, t. I, p. 101.

3. « L'Ardèche est encore navigable, à partir de son embouchure, pour tous bateaux, sur 8 kil., et pour les bateaux de petite dimension sur 30 kil.; elle est flottable sur 109. En fait, des bateaux portant de lourdes charges remontent encore aujourd'hui le cours de l'Ardèche, pour aller chercher sur ses rives du charbon, du bois de chêne vert ou des rais de voitures. La crue qui survient périodiquement, vers la fin d'octobre, facilite encore plus ce service de batellerie. » (ROCHETIN, *op. cit.*)

Isère. — Quant à l'Isère, l'instabilité absolue de son régime rendait impossible toute navigation un peu prolongée au moyen de barques. La rivière n'était cependant pas totalement abandonnée et on y voyait circuler des radeaux, construits et conduits par ces *Ratiarii*, dont une inscription de Saint-Jean-de-Porte (n° 57) nous a conservé le souvenir.

Saône. — A Lyon, le Rhône recevait son grand affluent, la Saône, véritable prolongement vers le nord et l'est de la voie fluviale ouverte par le premier de ces deux cours d'eau. Strabon mentionne l'Arar, qui vient des Alpes et forme la limite entre les Lingons, les Éduens et les Séquanes [1]. Ammien Marcellin le fait originaire de la première Germanie, et indique son double nom d'Arar et de Saucona [2]. Fleuve un peu mystérieux, dont la naissance était entourée de légendes, et qui nourrissait dans ses eaux l'étrange poisson qui changeait de couleur suivant les phases de la lune et portait dans sa tête une pierre qui avait la vertu de guérir la fièvre quarte [3].

Le régime de la Saône était alors paisible et lent comme aujourd'hui. Cette lenteur, surtout lorsqu'on la compare à la violence et à l'impétuosité du Rhône, avait frappé les anciens, et cette impression se retrouve à plusieurs reprises dans leurs écrits. « Segnis Arar », dit Pline. Claudien oppose au Rhône rapide la Saône plus

---

1. STRABON, *Géographie*, traduction Tardieu, l. IV, ch. I, 11, 14.

2. *Ammien Marcellin*, l. XV, XI.

3. « Nascitur in ipso magnus piscis ab indigenis scolopidus vocatus, qui crescente luna albus et decrescente vero omnino niger evadit ; et cum in extremam crevit magnitudinem, a propriis spinis confoditur. Reperitur et in ejus capite lapis grumo salis similis, qui senescente luna sinistris corporis partibus applicatus, febres quartenas sanat. » (*De fluviis.*)

lente. César rapporte qu'on ne pouvait bien souvent distinguer le sens du courant [1] ; Vibius Sequester exprime la même idée [2]. Sénèque montre la rivière hésitante et ne sachant de quel côté elle versera ses flots [3]. Eumène, parlant des troupes de Constantin qui descendaient la rivière pour aller combattre Maximien, exprime leur impatience contre les flots, qui ne leur avaient jamais semblé si lents [4].

Une telle rivière, au cours dépourvu de dangers, traçant son sillon paisible au milieu de riches contrées, dut être, dès la plus haute antiquité, le théâtre d'une navigation active. « Durant tous les siècles qui précédèrent la conquête romaine, dit M. Bouillerot, la Saône a joué son grand rôle de véhicule des hommes et des choses. Je me la représente, me disait dernièrement M. Julien Feuvrier, sillonnée d'embarcations, de radeaux, de ces pirogues creusées dans un vieux chêne, et, de loin en loin, sur ses bords, des entrepôts comme celui de la Tène, établis sur pilotis ; et de là des routes partant dans toutes les directions, vers l'Helvétie, vers le Rhin, Langres, Alise. — C'est bien ainsi que devait être l'Arar, si l'on veut bien noter que des restes de palafittes ont été relevés sur divers points, notamment à Chalon-sur-Saône, où l'on a trouvé de nombreux débris d'armes et d'approvisionnements analogues à ceux de la station helvète [5]. »

1. « Flumen est Arar quod per fines Hæduorum et Sequanorum in Rhodanum influit incredibili lenitate, ita ut oculis, in utram partem fluat, judicari non possit. »

2. « Arar, qui ita lente decurrit ut vix possit intelligi decursus ejus. »

3. « Ubi Rhodanus ingens amne præapido fluit, Ararque dubitans quo suos cursus agat, tacitus quietis adluit ripas vadis. »

4. « Segnis ille et cunctabundus amnis nunquam fuisse tardior videbatur. »

5. Bouillerot, *Les âges des métaux dans la vallée de la Saône. Revue préhistorique*, mai 1909.

L'exploration méthodique des berges de la rivière a révélé une occupation persistante depuis les temps les plus reculés, et offert une série à peu près complète de débris de tous les âges, depuis la pierre polie jusqu'à l'époque gallo-romaine, dont les stations sont réparties à peu près également sur tout le cours de la rivière [1]. D'ailleurs les contestations qui s'élevaient continuellement entre les Éduens et les Séquanes, au sujet des péages perçus sur le fleuve, sont un indice certain de l'intensité de la navigation, même antérieurement à la conquête romaine.

Mâcon (*Matisco*) et Chalon (*Cabillonum*) étaient les deux villes importantes, les deux grandes étapes de la batellerie sur cette rivière. Chalon, dont le nom ancien révèle probablement une origine due à un bac ou à un passage de la rivière [2], avait, dès l'époque gauloise, une importance considérable comme point de jonction des routes vers le Midi par la rivière, vers le Rhin par Besançon, et vers la colline que dominait l'oppidum de Bibracte. C'était, au moment des guerres de César, une place commerciale fréquentée par les marchands étrangers, que les Éduens, pendant le siège de Gergovie, dépouillèrent, après les avoir obligés d'évacuer la ville. Après la prise d'Alésia, César en fit un centre important d'approvisionnement, qu'il confia à Q. Tullius, tandis qu'il envoyait P. Sulpicius à Mâcon dans le même but : Chalon et Mâcon choisis comme quartiers d'hiver, parce que, dit un vieil auteur, Paradin, « ces deux villes, placées sur le bord de la Saône, offraient

1. Arcelin, *Études d'archéologie préhistorique. Les berges de la Saône*, 1868.

2. « Cavaillon (Cabellio) et Chalon (Cabillonum). Ce sont deux formes différentes d'un même mot, qui devait signifier bac, port où passage. » (Jullian, *Histoire de la Gaule*, t. II, p. 243, note.)

les facilités de la navigation pour rassembler les comestibles nécessaires et les distribuer ensuite aux différents quartiers de l'armée ».

Chalon semble avoir toujours conservé une situation prépondérante au point de vue de la navigation de la Saône, et c'est là que se trouvait la résidence du préfet de la flottille chargée de la surveillance et de la défense de la rivière, la *Classis Ararica*.

Coste, auteur d'un travail sur l'ancienne navigation de la Saône [1], citait encore, comme ports anciens sur la rivière en amont de Chalon : Verdun, assis sur la langue de terre devant laquelle le Doubs s'unit à la Saône ; l'ancienne *Amagétobrie*, dont parle César [2], qui aurait occupé le site de Pontailler, au confluent de l'Ognon [3], et le *Portus Abucini*, placé par M. Finot à Bucey-les-Traves, mais plus généralement à Port-sur-Saône.

A côté de ces centres plus ou moins considérables, la batellerie trouvait d'autres points de stationnement et des étapes intermédiaires. M. Arcelin signale notamment, sur la rive gauche, entre Mâcon et Chalon, à l'embouchure de la Monge, le port de Boz, comme un endroit très curieux, où des débris de tous les âges se trouvent mêlés. Ce point, qui correspond à un rétrécissement de la rivière, autrefois guéable, où aboutit une voie romaine allant d'Ambérieu à Autun, dut avoir sa place dans l'histoire de la navigation antique. Sur la même rive, entre le port de Vésines et celui d'Asnières, on a découvert des débris de fondations à pierre et à mortier, plon-

1. Coste, *Dissertation sur l'ancienne navigation des rivières du Doubs, de la Saône et du Rhône. Magasin encyclopédique*, 1805, t. II.

2. César, *De bello gallico*, I, 31.

3. Broye ou Mont-Andon, d'après M. C. Jullian, *Histoire de la Gaule*, t. III, p. 157, note 4.

géant à deux mètres de profondeur, qui ont peut-être appartenu à un ouvrage antique en rivière [1].

On peut ajouter également, entre Verdun et Pontailler, la petite ville de Seurre, où l'on a trouvé un bas-relief personnifiant la ville, accompagnée d'attributs nautiques, d'où l'on peut conclure que la cité qui a précédé la ville actuelle tenait une place notable dans la navigation de la rivière.

De nombreux débris romains découverts à Ovanches, en aval de Port-sur-Saône, et, en amont du même point, à Corre, au confluent du Coney, au lieu où commence aujourd'hui la navigation de la Saône, sont les irrécusables témoins d'une occupation antique et de la fréquentation de ces deux points, tout au moins comme points de passage de la rivière.

L'existence de certains ouvrages anciens de navigation à la boucle décrite par la Saône autour du territoire d'Ovanches semble même résulter du passage suivant de l'ouvrage de Clerc sur la Franche-Comté gallo-romaine : « La canalisation nouvelle va remplacer les grandes écluses antiques. Le savant Berthod a reconnu, dans la portion d'ovale que décrit la Saône près d'Ovanches, les vestiges de six écluses [2]. »

Le laconisme de cette citation ne m'a pas permis de retrouver le texte auquel elle était empruntée et de voir s'il ne contenait pas quelques indications plus explicites sur ces ouvrages. Cependant, je dois à l'obligeance de M. Bouvaist, Inspecteur général des Ponts et Chaussées, des renseignements desquels il résulte qu'à l'époque à laquelle il exécutait sur ce point des travaux d'amé-

---

1. ARCELIN, *La chronologie préhistorique, d'après l'étude des berges de la Saône.*

2. CLERC, *La Franche-Comté à l'époque gallo-romaine, représentée par ses ruines*, 1847.

lioration de la Saône, il avait entendu dire qu'on avait découvert dans la boucle d'Ovanches, et notamment en face de Bucey-les-Traves, non pas des écluses, mais d'anciens barrages, qui avaient été destinés à relever le niveau des eaux. L'existence de ces vieux travaux d'aménagement de la rivière semble ne pas faire de doute, mais rien ne permet d'affirmer qu'ils aient eu une origine gallo-romaine.

Doubs. — La navigation s'exerçait aussi sur le plus important tributaire de la Saône : le Doubs (*Dubis*). Strabon fait, à deux reprises, allusion à la navigabilité de cette rivière : « L'Arar vient aussi des Alpes... Il reçoit le Dubis, autre rivière navigable » ; et, plus loin : « Les marchandises reçues d'abord par l'Arar passent ensuite dans son affluent le Dubis [1]. »

Cette rivière était l'artère qui dirigeait sur Lyon l'important commerce de la Séquanie, riche de ses moissons, de ses troupeaux, de ses bois et des produits de ses salines. C'était aussi le prolongement naturel du côté de l'Est, vers l'Helvétie et la Germanie, de la grande voie fluviale tracée par le Rhône et la Saône.

Coste, dans sa « Dissertation » précédemment citée, indiquait comme ports sur le Doubs, en remontant de la Saône vers sa source : le port Ober, au confluent de la Saône ; *Didatium*, mentionné par Ptolémée, et qui aurait occupé le site de la ville de Dôle ; puis la métropole de la contrée, Besançon (*Vesontio*). L'importance de cette place comme entrepôt et centre d'approvisionnements de tout genre était déjà considérable du temps de César. Les nombreux négociants qui l'habitaient étaient en relations fréquentes avec la Ger-

---

1. STRABON, *Géographie*, traduction Tardieu, l. IV, ch. I, 11 et 14.

manie. Érigée en colonie sous Marc-Aurèle, sous le nom de *Colonia Victrix Sequanorum*, elle était encore en pleine prospérité du temps de l'empereur Julien, qui, dans une de ses lettres, fait l'éloge de sa magnificence, de ses murailles et de la force de sa position naturelle dans un méandre du Doubs [1].

En amont de Besançon, la navigation semble s'être continuée jusqu'à la cité d'*Epomanduodurum* (Mandeure), bâtie sur les deux rives du Doubs, où l'on retrouve de nombreux vestiges attestant l'importance de cette ville à l'époque gallo-romaine. D'après Clerc, trois ponts réunissaient les diverses parties de la ville, et l'un d'eux portait encore, à son époque, les anneaux de fer propres à amarrer les bateaux [2]. Ce qu'on peut conjecturer, dit Perciat, c'est que Mandeure étant à une lieue et demie au-dessous de l'endroit où le Doubs cessait d'être navigable, il s'y faisait un très grand commerce d'entrepôt, dès la Méditerranée et les provinces méridionales, pour l'Helvétie, la Rauracie, l'Alsace et la Germanie. Le commerce a dû décliner quand le Doubs a perdu sa navigation.

Peut-être même la navigabilité fut-elle encore reculée jusqu'au-dessus de Pont-de-Roide, lorsque Pupienus fit ouvrir, à travers les escarpements du Jura, une route partant de ce point de la rive du Doubs pour se diriger vers Soleure.

Aude. — L'Aude, qui servait de tête de ligne à la route reliant la Méditerranée à l'Océan par la Garonne, n'était navigable que sur une très faible étendue. Nous verrons au chapitre suivant que son cours inférieur, près de l'embouchure, avait été l'objet de travaux de

---

1. JULIEN, Epist. XXIX, ad *Alypium Cæsarii fratrem*.
2. CLERC, *La Franche-Comté à l'époque romaine*.

canalisation et de rectification, destinés à régulariser son
passage à travers le vaste étang qui séparait Narbonne
de la mer.

Cette navigabilité si restreinte était signalée par Strabon : « Si l'on part de Narbonne, on commence par
remonter le cours de l'Aude, mais sur un espace peu
étendu[1] », et par Pomponius Méla : « L'Atax, sorti du
mont Pyréné, est faible et guéable tant qu'il ne se
compose que des eaux qui lui viennent de sa source ; de
sorte que, malgré la grandeur de son lit, il ne devient
navigable qu'auprès de Narbonne[2]. »

C'est vraisemblablement au pont ancien de Narbonne,
existant encore avec une seule arche en service et neuf
autres enfouies sous les maisons voisines, que s'arrêtait
le mouvement nautique, qui, en somme, était plutôt
maritime[3]. L'Aude avait été déviée au nord de la ville
par une jetée en pierres que l'on voit figurer sur un
ancien plan de Narbonne[4], longeait les murailles de la
ville à l'ouest et au sud, coulait au-dessous du pont, et
débouchait enfin dans le lac *Rubrœsus*, l'étang de Sigean
actuel, où elle s'épanouissait et formait le port, *Statio
Navium* du plan. « Les navires marchands, dit Edward
Barry, remontaient ainsi par le lit de l'Atax canalisé jusqu'au pied des murs de la ville, où ils venaient s'amarrer, ainsi que le font encore les barques pontées du canal
actuel, le long d'un quai bordé de gradins, *scalæ*, sur
lesquels s'alignaient, comme à Massilia, des magasins ou
des hangars bâtis de planches et de torchis, *cannabæ*[5]. »

---

1. SRABON, *Géographie*, traduction Tardieu, t. IV, ch. I, 4.
2. POMPONIUS MELA, *De situ Orbis*, l. II, ch. V.
3. LENTHÉRIC, *Les Villes mortes du Golfe de Lyon*.
4. « Narbonis antiqui imago sub imperio romano et gothico. »
Plan reproduit dans LENTHÉRIC, *Les Villes mortes du Golfe de
Lyon*, p. 226, pl. 14.
5. EDW. BARRY, *Histoire générale du Languedoc*.

Les quartiers de la ville qui occupent ces terrains, depuis longtemps émergés, portent encore les noms caractéristiques de Port des Galères et de Plan des Barques.

Admirablement située au croisement des routes venant des Pyrénées, par Salses et le Pertus, de la Garonne et de l'Aquitaine, Narbonne, bien qu'ayant cessé, dès le IIe siècle, d'être la résidence du proconsul, n'en garda pas moins une grande importance commerciale, qui commença à décliner à partir du Ve siècle, pour s'éteindre définitivement au XIVe, lorsqu'un changement survenu dans le cours du fleuve supprima complètement l'existence de la ville comme port.

Garonne. — Parmi les nombreux textes anciens qui parlent de la Garonne, nous n'en citerons que deux, ayant trait à son importance commerciale et à sa navigabilité.

Strabon indique le rôle joué dans le réseau de navigation intérieure par la Garonne, sur laquelle on réembarquait pour les transporter jusqu'à l'Océan, après un portage de sept à huit cents stades, les marchandises venues à Narbonne par la voie de l'Aude [1].

Pomponius Méla donne des indications sur les conditions de navigabilité du fleuve, qui semblaient assez défectueuses, tant à raison de l'instabilité du débit dans la partie supérieure de son cours, que des difficultés de navigation dans les parages voisins de son embouchure : « La Garonne, qui descend du mont Pyréné, est guéable et peu propre à la navigation dans une partie de son cours, à moins qu'elle ne soit grossie par les pluies d'hiver ou par la fonte des neiges. Mais, près de l'Océan, lorsqu'après avoir reçu dans son lit la marée montante, elle roule ensuite ses eaux avec la marée descendante,

1. Strabon, *Géographie*, traduction Tardieu, l. IV, ch. I, 14.

on la voit se grossir et s'élargir de plus en plus à mesure qu'elle s'approche de la mer, de sorte qu'à son embouchure on la prendrait pour un vaste détroit : non seulement alors elle porte des bâtiments considérables (*majora navigia*), mais, comme une mer orageuse, elle leur fait éprouver d'horribles tourmentes, surtout quand il arrive que le vent souffle dans une direction contraire à la sienne [1]. »

Malgré les quelques difficultés qu'elle pouvait rencontrer sur certains points, la navigation était fort active sur le fleuve. La batellerie commerciale avait à transporter les nombreuses marchandises qui usaient de la Garonne comme moyen de communication entre la Méditerranée et l'Océan, et qui rayonnaient autour de Bordeaux, point important de transit et lieu principal d'échange entre les produits de l'Espagne et ceux de la Gaule. Nous savons aussi que le fleuve était utilisé d'une façon constante pour le transport des voyageurs.

La navigation commençait à Toulouse (*Tolosa*), au point où aboutit la large dépression de la vallée de l'Hers, qui, continuée par celle d'un affluent de l'Aude, fait communiquer la plaine toulousaine avec le littoral méditerranéen. Les modifications profondes que les siècles ont apportées aux rives du fleuve dans sa traversée de la ville n'ont laissé subsister aucune trace précise, permettant de conjecturer de leur état et de leur disposition anciens [2].

---

1. POMPONIUS MELA, *De situ Orbis*, l. III, ch. II.

2. « Des travaux exécutés au Moyen Age ont modifié notablement le lit de la Garonne dans la traversée de Toulouse. Le barrage du fleuve au Bazacle, qui date au moins du XIIe siècle, a relevé les eaux de cinq mètres dans le bassin de la Daurade ; il en est résulté que les terrains bas, placés au-dessous de la terrasse de la ville murée romaine, ont été submergés. La chaussée s'étant rompue en 1609, on a vu, dans le lit du fleuve, des substructions importantes, avec des pierres sculptées, qui ont été attribuées à

Sur le cours moyen du fleuve, Agen (*Aginnum*), l'ancienne ville des Nitobriges descendue de sa colline dans la plaine, était la seule cité ayant quelque importance. En se rapprochant de Bordeaux, Langon (*Portus Alingonis*), port de rivière considérable, occupait le débouché sur le fleuve de la voie allant à Auch par Bazas, et il semble que l'usage constant des voyageurs était de s'y embarquer pour suivre la voie fluviale jusqu'à Bordeaux. « Ce qui faisait l'originalité de cette contrée, c'était la grande exploitation rurale. Sur les coteaux plantés de vignes, les villas se succédaient à droite et à gauche, avec leurs vastes constructions, leurs terrasses étagées, leurs portiques et leurs statues. Entre ce double horizon, le voyage, jusqu'à Bordeaux, était un perpétuel enchantement [1]. »

Aussi loin que nous pouvons remonter dans l'histoire, cette dernière ville nous apparaît comme un lieu de marché et d'échange. « Les Bituriges Vivisques, dit Strabon, ont leur *emporium* ou marché principal à *Burdigala*, ville située au fond d'un estuaire que forment les bouches du Garounas [2]. »

La situation de la ville, presque à l'extrémité de la route de la Garonne, vers le point où le fleuve et la mer commencent à se confondre, en fit, non seulement l'entrepôt des marchandises venues du bassin occidental de la Garonne, du pays des Santons, des Rutènes et des Cadurques, et d'une partie de l'Espagne, mais encore

un temple. D'après une relation assez obscure, on aurait trouvé à la même époque, près de la chaussée, d'autres débris romains » (JOULIN, *Les établissements antiques du bassin supérieur de la Garonne. Revue archéologique*, 4ᵉ série, t. IX, 1907, p. 100).

1. BLOCH, *Histoire de France* publiée sous la direction de M. Lavisse, t. I, 2ᵉ p., p. 357.

2. STRABON, *Géographie*, traduction Tardieu, l. IV, ch. II, 1.

l'un des centres les plus actifs, malgré l'éloignement, du commerce avec la Bretagne. Bordeaux, point de départ pour cette île dès que les Grecs de Marseille eurent commencé de pratiquer la route de la vallée de la Garonne, était toujours resté en relations assez étroites avec la Bretagne pour que nous trouvions, parmi les négociants résidant à Bordeaux dont les textes épigraphiques nous ont conservé le souvenir, un *negotiator britannicus*[1]. Les inscriptions de Bordeaux ne nous ont donné, jusqu'à présent du moins, aucune indication relative à la navigation de la Garonne, mais elles nous ont révélé la présence à Bordeaux de nombreux étrangers, qui devaient appartenir, pour la plupart, à la classe des marchands, présence qui dénote l'existence d'une vie commerciale intense[2].

Il n'y avait pas de quai sur la Garonne. Les bateaux pouvaient s'ancrer, s'amarrer ou se tirer sur les berges dans le vaste croissant dessiné par le fleuve. La ville possédait un port intérieur, plus abrité et plus sûr, constitué par l'embouchure du ruisseau de la Devèze, qui traversait la ville. « C'était moins un havre qu'un canal intérieur, autour duquel se pressaient les maisons, serrées et touffues comme les arbres d'une forêt[3]. » Ausone, dans son Panégyrique de Bordeaux, nous dépeint le port avec sa grandiloquence ordinaire : « Au milieu de la ville, le lit d'un fleuve alimenté par des fontaines ; lorsque l'Océan, père des eaux, l'emplit du reflux de ses ondes,

----

1.

D   M

L SOLI MARIO

SECVNDINO

CIVI TREVERO

NEG BRITAN

(*C. I. L.*, XIII, 634).

2. ROBERT, *Les Étrangers à Bordeaux*, 1883.
3. JULLIAN, *Ausone et Bordeaux*, 1893.

on voit la mer tout entière qui s'avance avec ses flottes [1]. »

Le port formait un bassin rectangulaire allongé, disposé, non pas perpendiculairement, comme l'indiquent certains plans [2], mais dans une direction oblique par rapport au fleuve, avec lequel il communiquait par un canal de peu de longueur. D'après M. Jullian, il occupait à peu près l'espace compris entre la rue du Parlement Sainte-Catherine et celle du Cancera ; la rue actuelle de la Devise indique bien sa direction ; il s'enfonçait jusqu'à la hauteur de la rue Sainte-Catherine.

Lors de la reconstruction de l'église Saint-Pierre, les fouilles mirent à jour plusieurs parties de cet ancien port intérieur, entre autres le soubassement d'une partie de la muraille est, que M. de Mensignac (*op. cit.*) décrit ainsi : « Plusieurs assises de pierre de grand appareil, reposant sur un pilotage de pieux en chêne formé d'arbres entiers. La place laissée libre entre chaque pierre garnie par un blocage de petits moellons durs... La partie inférieure de cette muraille était protégée du côté interne du port par une sorte de jetée de 0 ^{m} 50 de large, faite au moyen d'un pilotage en chêne et d'un blocage de petits moellons durs. Ces pieux étaient reliés entre eux par un large madrier de même essence. Ce blocage avait été établi, sans doute, dans le but d'empêcher l'eau de venir miner la base de son enceinte. »

Lorsque, vers l'an 300, les fortifications de Bordeaux

---

1. Ausone, *Ordo nobilium urbium.*

2. On peut consulter plusieurs plans du port antique de Bordeaux dans : Léger, *Les Travaux publics, les Mines et la Métallurgie au temps des Romains.* — Blanchet, *Les Enceintes romaines de la Gaule.* — Jullian, *Inscriptions antiques de Bordeaux*, t. II, pl. IX. — De Mensignac, *Emplacement de la ville de Bordeaux du I*er *à la fin du III*e *siècle. Bulletin de la Société archéologique de Bordeaux*, 1879.

furent édifiées, ce port fut englobé dans l'enceinte. Une porte destinée à donner passage aux navires, probablement la Porte Navigère dont parlait Paulin de Pella, s'ouvrait au milieu du mur bordant la Garonne. « Les vaisseaux entraient et sortaient avec la marée. Devant le danger, on fermait les portes, et Bordeaux se trouvait caché tout entier sous ses remparts, hommes et navires. »

En aval de Bordeaux, le fleuve était encore bordé de riches villas, comme celle de Pontius Leontius, située au confluent de la Garonne et de la Dordogne, et dont Sidoine Apollinaire nous a laissé une si pompeuse description [1].

Dans cette partie basse du fleuve commençaient les défenses militaires destinées à mettre les villes riveraines à l'abri des coups de main des pirates. Le castrum de Bourg-sur-Gironde gardait le confluent des deux rivières, et, comme dernière étape avant d'atteindre l'Océan, la batellerie rencontrait Blaye (*Blavia*), poste stratégique important pour la défense de l'estuaire et lieu d'escale très fréquenté. C'est là, en effet, qu'aboutissait le grand chemin de communication entre le nord et le sud de l'Europe occidentale, la voie qui se dirigeait sur Saintes et rayonnait, de là, sur Périgueux, Limoges et Poitiers. C'est à Blaye qu'on embarquait et qu'on débarquait les marchandises à destination ou en provenance de la partie haute du fleuve, celles qui étaient venues par Bordeaux de l'Aquitaine ou de l'Espagne, ou qui étaient destinées à s'y rendre. C'est là aussi que la plupart des voyageurs quittaient la route de terre pour prendre la voie fluviale, ou réciproquement, et il est curieux de constater la longue persistance de cet usage, car, au XVIIIe siècle encore, les voyageurs venant de

1. Sidoine Apollinaire, *Carmina*, XIX.

cette partie ouest de la France s'embarquaient à Blaye, pour Bordeaux, sur un bateau nommé l'Anguille, et achevaient ainsi leur voyage par voie fluviale [1].

Tarn. — Parmi les affluents et sous-affluents de la Garonne, indépendamment de la Dordogne, dont la fréquentation par la batellerie ne peut faire aucun doute, nous savons que le Tarn était navigable et sillonné par des flottilles qui contribuaient à assurer le ravitaillement des riverains [2].

Isle. — Quant à la rivière d'Isle, aucun document certain ne fait allusion à son utilisation ancienne pour la navigation, mais il est probable qu'elle dut porter bateau de toute antiquité et être navigable sans difficulté jusque vers le XIIe siècle, époque à laquelle on commença à édifier sur son cours des pêcheries et des moulins [3].

Seine. — Le nom de la Seine (*Sequana*) apparaît souvent dans les écrits des auteurs anciens. Je me bornerai à mentionner : César, qui, au début de ses *Commentaires*, indique la Marne et la Seine comme frontière entre les Gaulois et les Belges, et, plus loin, place sur le fleuve de nombreux épisodes de l'expédition dirigée

1. Le *Nouveau Voyage de France*, de Piganiol de la Force, guide du voyageur, qui eut plusieurs éditions de 1724 à 1780, signale ainsi cet usage : « De Blaye à Bordeaux il n'y a que six lieues par eau et huit par terre ; ordinairement l'on fait ce trajet par eau. »

2. Le Tarn était encore fréquenté au XIIIe siècle sur une partie de son cours. Pour se rendre de Toulouse à Montauban, les voyageurs descendaient en barque le cours de la Garonne, pour remonter ensuite celui du Tarn.

3. JULIEN, *Historique de la rivière d'Isle. Bulletin de la Société historique du Périgord*, t. V, 1878.

par Labiénus contre Lutèce, défendue par les troupes de Camulogène ; Strabon, qui parle longuement de la Seine au chapitre III du livre IV de sa *Géographie*, et l'empereur Julien, le plus ancien des fervents adorateurs de Paris, qui vantait particulièrement la pureté des eaux de son fleuve et la stabilité de son régime, dont l'étiage ne descendait jamais trop bas en été et ne s'élevait jamais trop haut pendant l'hiver.

Il semble qu'aux temps anciens la Seine fut accessible à la batellerie à partir de Troyes (*Augustobona*). Lorsque sainte Geneviève entreprit le ravitaillement de Paris, elle partit avec onze bateaux pour chercher aux environs de Troyes et d'Arcis des grains et des farines. Il est vraisemblable que cette partie haute de la Seine devait, surtout en basses eaux, être assez peu favorable à la navigation, mais celle-ci s'activait à partir de *Condate*, au confluent de la Seine avec l'Yonne, qui apportait au fleuve l'appoint de son fort volume d'eau et les ressources d'une batellerie que les grandes cités de Sens et d'Auxerre rendaient évidemment très prospère.

Autour de Melun (*Melodunum*), assise dans son île et bien protégée par les deux bras du fleuve qui l'enserraient, le mouvement nautique prenait une importance considérable, qui se manifestait déjà à l'époque gauloise. Lorsque Labiénus, dans sa marche sur Lutèce, arriva à Melun, il s'y empara sans coup férir d'une cinquantaine de bateaux [1].

Entre Melun et Paris, le fleuve continue à vivre d'une vie intense. Ces eaux calmes, où circulaient lentement les barques qui allaient approvisionner Lutèce, ont-elles vu d'autres spectacles, plus sanglants et plus tragiques ? C'est ce que pense M. Toulouze, qui suppose que la Seine, en aval de Corbeil, aurait été le théâtre d'un

---

1. César, *De bello gallico*, VII, 58.

combat naval, alors que les barques enlevées à Melun par Labiénus descendaient la Seine ; qu'une flotte gauloise, venant de la direction de Paris, se serait portée au-devant des Romains, et qu'une bataille aurait été livrée, commençant en amont de Morsang pour se terminer en avant de Saintry [1]. M. Toulouze invoque à l'appui de sa thèse les nombreuses trouvailles d'armes gauloises et romaines, ainsi que de débris de vaisseaux, faites dans cette partie du fleuve. J'avoue que ces constatations archéologiques, fort intéressantes d'ailleurs, ne me semblent pas suffisamment probantes pour justifier les conclusions que leur auteur en a tirées. Il me semblerait tout à fait extraordinaire, si un combat de ce genre, fait exceptionnel dans les campagnes des Gaules, avait été livré, qu'il n'y eût été fait aucune allusion dans le récit consacré par César à cette expédition de son lieutenant.

En nous rapprochant de Paris, nous passons devant le confluent de la Seine et de la Marne. Là encore venait aboutir une navigation florissante, et il semble bien que ce passage important dut être gardé de bonne heure par un poste fortifié, utilisé plus tard, à la fin du IIIe siècle, par les chefs de la formidable insurrection des Bagaudes, comme dernier refuge de leur résistance désespérée. Au point de jonction des deux rivières, auprès de Charenton, un vieil auteur, André Thévet, auteur d'une *Cosmographie universelle* publiée en 1575, place un autel et une colonne dédiés au dieu Mercure par les Nautes Parisiens. Cette colonne aurait eu trente pieds de hauteur et huit en sa grosseur, et, au sommet, « estoit posé le simulachre de Mercure, et, auprès, un autel dressé en l'honneur d'iceluy, où se faisaient plusieurs

1. TOULOUZE, *Etude sur la bataille navale de Morsang-Saintry. Revue archéologique*, t. XVIII, II, 1891, p. 163 et suiv.

sacrifices ». Notre auteur attribuait l'érection de ce monument à l'empereur Julien, qui l'aurait fait dresser « pour l'immortelle et perpétuelle mémoire qu'il désirait acquérir, y ayant fait soubzcrire ces mots : Virtus Augustorum ».

La Lutèce de l'époque gauloise nous apparaît comme une mince bourgade, occupant une île du fleuve, l'île actuelle de la Cité, moins vaste comme superficie qu'aujourd'hui, et accompagnée d'un groupe d'îlots, qui formaient comme un petit archipel en ce point du fleuve. Mais si le groupement humain d'alors n'avait pas une grande importance, il n'en était pas de même de la situation géographique du lieu, situé au croisement de la route fluviale et du grand chemin gaulois d'Orléans à Senlis, au point de passage obligé du fleuve, sur lequel il existait déjà une vie nautique assez intense pour que, là aussi, les troupes romaines aient pu réunir un nombre de barques considérable pour coopérer à leurs opérations contre l'armée gauloise.

Cette importance du site de Lutèce comme point de concentration et de transit ne fit que s'accroître après la conquête romaine. L'ancienne route gauloise, marquée par la direction des rues Saint-Jacques et Saint-Martin, devint une des voies romaines les plus fréquentées de la Gaule, et d'autres voies rayonnèrent autour de l'île parisienne, escale nécessaire pour les marchandises qui venaient de la Haute-Seine, de l'Yonne ou de la Marne, et qui se dirigeaient vers l'Océan.

Dans une de ses savantes leçons du Collège de France, M. Jullian a donné une vue d'ensemble aussi juste que pittoresque de ce caractère essentiel de l'ancienne agglomération parisienne [1] : « Au centre même du

---

1. JULLIAN, *La structure et le relief de Paris. Leçon d'ouverture au Collège de France, le 5 décembre 1906.*

carrefour des routes, l'île de la Cité, plane et régulière, admirable champ de foire ; autour, les bras de la Seine, larges, profonds, aux berges doucement inclinées, semblables à des golfes de rivière ; tout ce qui attire et retient le vaisseau, la marchandise et le marchand. Bien avant d'être une capitale de royaume, Paris a été un rendez-vous de trafiquants et le grand garage de la Seine. Aussi loin que remontrent ses monuments, ils nous parlent de ses bateaux et de ses mariniers. »

Le Paris gallo-romain n'était pas resté cantonné dans son île, trop étroite pour son développement. Les habitations étaient très clairsemées sur la rive droite, vaste marécage que les eaux envahissaient en périodes de crues, au point d'en faire un véritable golfe fertile en naufrages [1]. C'est du côté de la rive gauche, sur les hauteurs situées entre la Seine et le confluent de la Bièvre, que s'était développée la ville extérieure, groupant les édifices, thermes, théâtre, amphithéâtre, etc., indispensables, en quelque sorte, à l'existence et au fonctionnement des villes antiques.

Mais l'île restait toujours le centre vital de la cité, et c'est là, après que les invasions de la fin du IIIe siècle eurent ruiné la Lutèce de la rive gauche, que la vie reprit et continua, toujours de plus en plus active, au cours des IVe et Ve siècles, à l'abri des murailles élevées le long des berges et défendues par les eaux du fleuve.

Tout le mouvement né de la rivière, commerce fluvial, batellerie, transports par eau, et, probablement aussi, dans une certaine mesure, transports par terre, était le monopole de la corporation des Nautes Parisiens,

---

1. Grégoire de Tours, *Histoire des Francs*, 6, 17, 25 : « Tantum inundatione Sygona (Sequana) Matronaque circa Parisiis invaluerunt ut intra civitatem et basilicam sancti Laurenti naufragia sæpe contingerent. »

Nautæ Parisiaci, qu'un monument épigraphique (n° 35), que nous étudierons plus longuement dans une autre partie de ce travail, nous montre, déjà puissamment organisée dès le règne de Tibère. Cette association, l'ancêtre de la Hanse Parisienne des Marchands de l'Eau du Moyen Age, avait son port, selon toute vraisemblance, sur la rive gauche de la Seine, en aval du confluent de la Bièvre, sur la partie de berge qui s'étend en face de la pointe amont de la cité et du bras séparatif de cette île d'avec l'île Saint-Louis.

Les quais, s'il en existait, et les magasins qui bordaient cette partie du fleuve, n'ont laissé aucune trace, mais nous avons peut-être encore sous les yeux les restes de l'ancienne *Schola*, de la maison commune des Nautes Parisiens, dans l'édifice gallo-romain du Musée de Cluny, auquel on donne le nom de Palais des Thermes.

C'est M. C. Jullian, qui a, le premier, émis cette ingénieuse hypothèse, étayée par l'existence, dans la grande salle rectangulaire, d'un chapiteau décoratif représentant un bateau de charge monté par son équipage, sculpture « qui nous donnerait ainsi, dit M. Poëte, la plus ancienne figuration du navire symbolique de la Ville de Paris [1] ».

Port de commerce, Paris était aussi port militaire. C'est à Parisiis que la *Notitia Dignitatum per Gallias* fixe la résidence du *Præfectus classis Anderetianorum*, chef de la flottille de guerre chargée de la surveillance et de la défense de la Seine, et peut-être aussi du cours inférieur de la Marne et de l'Oise. Le fait de la résidence à Paris du chef de cette force navale est attesté par le texte même de la *Notitia*, mais le port d'attache de la flottille elle-même est généralement placé au confluent de la Seine et de l'Oise, à Andrésy, à près de 70

---

1. Poëte, *L'Enfance de Paris*, 1908.

kilomètres, par le fleuve, en aval de notre ville. Nous retrouverons cette question en nous occupant, au chapitre VIII de notre travail, de la Défense fluviale de la Gaule. Je me borne à indiquer, pour le moment, qu'à mon avis Paris devait être, non pas seulement le lieu de résidence du Préfet de la flottille, mais encore le centre d'action de celle-ci.

En aval de Paris, une station importante existait à côté de l'embouchure de l'Oise, à ce lieu d'Andrésy, qui fut toujours certainement un centre très actif de batellerie et de commerce fluvial. En admettant même, comme nous venons de le dire, que là n'ait pas été le poste principal de la flottille de la Seine, on peut supposer, tout au moins, que cette force navale y possédait un détachement chargé de la surveillance et de la police des deux rivières.

En continuant à descendre le fleuve, on passait, avant d'atteindre Rouen, devant le port de Mantes (*Medunta*), qui dut avoir une certaine importance comme lieu d'échanges commerciaux, étant le point où la Cité Carnute touchait à la Seine ; puis au pied du camp qui, au-dessus du site actuel de Vernonet, surveillait la Seine et le débouché de son affluent, l'Epte ; et devant la station d'*Uggade*, pour l'identification de laquelle on hésite entre Pont-de-l'Arche et Caudebec-lès-Elbeuf [1].

La capitale des Vélocasses, Rouen (*Rotomagus*), apparaissait ensuite, assise sur la rive droite du fleuve, alors parsemé d'îles et beaucoup plus large qu'aujourd'hui. L'épigraphie ne nous apprend rien au sujet du Rouen

---

1. D'Anville, Rever, Le Prévost et Gadebled placent Uggade à Pont-de-l'Arche, ou aux Damps, petite localité toute voisine, au confluent de l'Eure et de la Seine. Bruzeu de la Martinière, Licquet, Gaillard, Guilmeth et l'abbé Cochet préfèrent Elbeuf, ou plutôt Caudebec-lès-Elbeuf, qui s'est montré particulièrement riche en vestiges gallo-romains.

nautique gallo-romain, et bien qu'il soit à peu près certain, à raison de la situation et de l'importance de la ville, qu'elle a possédé une corporation de Nautes, aucune inscription n'est venue jusqu'à présent, nous apporter de certitude à cet égard.

Le port antique de Rouen devait se trouver sur la rive droite, bien plus avant dans les terres que ne nous le laisserait supposer le tracé des quais actuels. La Seine venait alors à peu près jusqu'à l'emplacement de la cathédrale [1], et un auteur de la fin du XVIe siècle, Taillepied, parlait d'un port placé au-dessus du Parvis de la Calende et de ces fabuleux anneaux faits pour attacher les galères, « que l'on dit avoir vus partout et que l'on ne retrouve nulle part [2] ».

Des traditions constantes parlent de ports ou échouages, remplis par le colmatage, qui auraient occupé successivement, au fur et à mesure du retrait des eaux, les emplacements de la place de la Calende, de la Haute-Vieille-Tour et de la Basse-Vieille-Tour. Ces traditions semblent avoir reçu confirmation par les résultats de fouilles pratiquées à diverses occasions, de 1899 à 1902, qui ont permis de reconnaître des substructions ayant très vraisemblablement appartenu au port antique. Rue Grand-Pont, on a mis à jour, à plusieurs reprises, les vestiges d'un appontement qui traversait la rue, et paraissait indiquer l'existence d'un très ancien accostage. Sur la place de la Haute-Vieille-Tour, des restes de murailles antiques, portant des traces de feu et ayant à leur base

---

1. La partie sud de l'enceinte gallo-romaine de Rouen, dont le périmètre a pu être nettement déterminé, passait par la rue des Bonnetiers, la place de la Calende, la rue Notre-Dame et la rue aux Ours, et devait, selon toute vraisemblance, suivre la ligne alors tracée par le fleuve.

2. ABBÉ COCHET, *La Seine-Inférieure historique et archéologique.*

un lit épais de débris d'incendie, indiquent peut-être l'emplacement de l'*emporium* de Rotomagus, détruit au cours de quelque invasion barbare [1]. Au même endroit, M. de Vesly a cru pouvoir reconnaître, dans un gros mur qui s'avançait dans la direction du fleuve, le môle ou quai d'un port intérieur, dont la disposition aurait été semblable à celle du port de Bordeaux, alimenté par le ruisseau de la Devèze. Le port de Rouen aurait utilisé un commun thalweg s'ouvrant dans la Seine, au sommet de l'une des courbes du fleuve, dans lequel venaient se réunir le ruisseau de Gaalor et les eaux du Robec [2].

En aval de Rouen, la station de *Lotum* (Caudebec-en-Caux) marquait un lieu d'escale et un point important de passage, où la voie venant de la capitale des Lexovii franchissait le fleuve et rejoignait la grande voie de l'Itinéraire d'Antonin, allant de l'embouchure de la Seine à Troyes.

Enfin s'ouvrait l'estuaire de la Seine, qui joua un rôle considérable dans l'antique navigation du fleuve. C'est là qu'avant la deuxième expédition de César en Bretagne, avait été créé le principal arsenal de la flotte et l'un de ces chantiers de constructions navales qui fournirent en si peu de temps un nombre de barques suffi-

---

1. De Vesly, *Rouen souterrain. Amis des Monuments Rouennais*, 1902.

2. « Nous savons que Rollon fit bâtir un châtel avec tours bordant la rivière, et que Richard Ier entreprit de remblayer le lit du fleuve pour obtenir les « Terres-Neuves » où s'éleva le fameux château des Ducs. Cependant l'emplacement des terres conquises sur la Seine ne nous est pas exactement connu. Pourquoi ne pas admettre: 1° que la tour du Châtel fut la défense d'aval, et la Vieille Tour celle d'amont; 2° qu'entre ces deux limites se trouvait le port creusé par les Romains. Il était alors alimenté par les eaux descendant des vallons du Mont-Fortin et de Bihorel, ainsi que par de nombreux ruisseaux, parmi lesquels celui de Gaalor et la rivière de Robec. » (De Vesly, *op. cit.*)

sant pour assurer le passage de l'armée romaine. La vallée de Lillebonne (*Juliobona*), en face Quillebœuf, où la batellerie a stationné de tout temps, offrait un havre excellent pour réunir des navires et abriter des chantiers navals [1]. On a gardé dans le pays le souvenir de la découverte, vers 1862, dans la Tourbière, sorte d'étang couvert de roseaux situé entre Lillebonne et le Becquet, des restes d'un bateau submergé, où se trouvait une cassette contenant des monnaies romaines. En outre, une tradition constante rapporte qu'on a rencontré en plusieurs endroits des vestiges de canal ou d'estacade, par où les eaux de la Seine refluaient anciennement jusqu'à Lillebonne [2].

Trois siècles après l'expédition de César, une autre force militaire se concentrait dans la baie de Seine. Asclépidote, Préfet du Prétoire, y réunissait une flotte et des troupes, en vue d'une descente en Bretagne, heureusement tentée et réussie à la faveur d'une journée de brouillard. C'est peut-être au moment de cette expédition, accomplie sous le règne de Constance Chlore, que furent établis ces Camps de Constance, *Constantia Castra*, mentionnés par Ammien Marcellin, qui les place à l'embouchure de la Seine [3], et que nous retrouverons lorsque nous nous occuperons, au ch. VIII, de la mise en défense des cours d'eau de la Gaule.

A l'extrême pointe Nord, alors que le fleuve est déjà confondu avec la mer, s'ouvrait le port de *Caracotinum*, que l'opinion à peu près unanime place à Harfleur. Des

1. Fallue, *Des villes gauloises Lotum, Juliobona et Caracotinum. Revue Archéologique*, xive année.

2. *Bulletin de la Commission des Antiquités de la Seine-Inférieure*, t. V, 1879-81, p. 472.

3. « Matrona et Sequana... consociatim meant, meantesque protinus prope Constantia castra funduntur in mare. » (Ammien Marcellin, 1. XV.)

fondations d'édifices et d'autres vestiges d'occupation de l'époque gallo-romaine ont été découverts en ce lieu, dont l'importance devait être grande, car c'était en même temps le port par lequel s'effectuait le mouvement commercial de toute cette région avec la Bretagne, et la tête de ligne d'un des chemins les plus fréquentés de la Gaule, la voie qui, de Caracotinum, se rendait à Troyes, en passant par Lillebonne, Rouen et Paris.

Marne. — La Marne (*Matrona*), que nous avons vue divinisée dans une inscription des environs de Langres (n° 8), est mentionnée à plusieurs reprises par les auteurs anciens, et bien qu'aucun texte ne soit relatif à son antique navigabilité, celle-ci ne peut pas faire de doute.

Dès l'époque de la conquête, Meaux devait déjà avoir une véritable importance comme centre de navigation et de construction navale, car César, au moment de la préparation de sa deuxième expédition de Bretagne, y fit mettre en chantier soixante navires, dont les forêts, qui couvraient alors le pays devenu depuis la Brie, fournirent les matériaux [1]. Certains commentateurs, effrayés probablement par la distance qui sépare Meaux de la mer, ont proposé des corrections au texte de César et transformé les *Meldi* en *Unelli* ou en *Venelli*, peuples du Cotentin, ou bien encore ont placé les Meldes dans le voisinage de la mer du Nord, en un lieu nommé *Meldfelt* ou *Malden-Hem-Velt*, dans le voisinage de Bruges.

La correction semble complètement arbitraire, la leçon « *In Meldis* » paraissant la seule bonne. D'autre part,

---

1. « His rebus constitutis, Cæsar ad portum Itium cum legionibus pervenit. Ibi cognoscit LX naves, quæ in Meldis factæ erant, tempestate rejectas, cursum tenere non potuisse, atque eodem, unde erant profectæ, revertisse. » (César, *De bello gallico*, l. V, 5.)

ainsi que le fait justement observer l'auteur de l'*Histoire de César*, « César ayant établi son arsenal à l'embouchure de la Seine, il n'y a rien d'extraordinaire à ce que plusieurs navires aient été construits près de Meaux [1]. Mais il n'est pas raisonnable de supposer, avec quelques écrivains, les Meldes à l'embouchure de l'Escaut, et de croire que César aurait laissé des chantiers importants dans un pays ennemi et loin de toute protection [2] ». Le sort réservé aux bâtiments meldois, qui ne purent résister à la première tempête qui les assaillit et durent rentrer au port d'où ils étaient partis, ne fait que confirmer l'hypothèse de leur construction sur la Marne, où leurs constructeurs, fort habiles peut-être pour établir des bateaux de rivière, n'avaient pas la même expérience pour l'établissement de bateaux susceptibles de tenir la mer.

On doit tenir pour certain que l'occupation romaine ne porta pas de trouble dans la navigation marnoise. Au contraire, celle-ci dut augmenter, à mesure que se développa le commerce par eau et que la circulation sur la Seine devint plus intense. Nous renvoyons à ce que nous avons dit en nous occupant de ce dernier fleuve, relati-

---

1. Il est très intéressant de rapprocher cette répartition par César de ses constructions navales entre les chantiers établis sur les rivières, de l'œuvre analogue entreprise par Napoléon Ier, en vue de la tentative de débarquement en Angleterre. L'Empereur avait fait construire des barques sur les rives de la Seine, de l'Oise, de la Loire, etc. A Paris, il y avait, de la Râpée aux Invalides, 90 bateaux en construction, auxquels travaillaient plus de mille ouvriers. Aussi, un Meldois qui fut témoin de ces travaux, le maire Navarre, a-t-il fait cette judicieuse remarque : « Les navires dont parle César ne pouvaient être que des barques semblables à celles que nous avons vu construire à Paris, pour la même destination. » (Communication de M. Georges Gassies.)

2. *Histoire de César*, t. II, p. 183.

vement aux ouvrages qui existaient auprès du confluent des deux cours d'eau.

Oise. — La rivière d'Oise (*Isara*) eut une importance économique et commerciale que sa situation géographique suffirait seule à expliquer. Elle était le prolongement, vers le bassin de la Seine, de cette voie maîtresse qui mettait Cologne et la région de la Germanie avoisinante en communication avec la région Parisienne, par le seuil d'entre Sambre et Oise, d'où l'on pouvait descendre, soit à la Seine, par l'Oise, soit à la mer, par la Somme.

Nous avons déjà signalé, d'après M. Jullian, les efforts faits par plusieurs tribus gauloises pour s'assurer la possession de l'embouchure ou des bords de la rivière. Le mouvement nautique y était assez considérable pour qu'on ait jugé nécessaire, vraisemblablement dans le cours du IVe siècle, d'établir, au point de réunion de la rivière avec la Seine, à Andrésy, ou plutôt au lieu dit « Fin d'Oise », soit la partie principale, soit une division détachée de la flottille militaire « *Anderetianorum* », dont le quartier général était à Paris. Ce lieu a toujours conservé, d'ailleurs, son importance comme escale en rivière, et est encore aujourd'hui l'un des centres les plus actifs de notre batellerie fluviale.

Somme. — Nous venons de dire un mot de la route qui, par la Somme (*Samara*), permettait de gagner directement la mer. Cette vallée fut, de tout temps, un lieu d'habitat particulièrement recherché ; les anciens camps qui jalonnent ses rives sont l'indice d'une occupation intense, probablement dès l'époque néolithique. Elle joua un certain rôle à l'époque de la guerre contre Rome, et César fit de sa ville principale, Amiens (*Samarabriva*), qui s'était fondée auprès d'un pont jeté sur la Somme, un centre important d'approvisionnements et de ravitaillement, dont l'existence suppose des moyens de communication faciles.

Nous manquons de renseignements sur la vie nautique de la Somme à l'époque gallo-romaine. Peut-être le régime de la rivière, marécageuse sur certains points, beaucoup plus assaillie par les marées dans la partie inférieure de son cours qu'aujourd'hui, ne se prêtait-il pas facilement à l'établissement d'une batellerie régulière. Cependant l'existence d'une flottille de défense, la *Classis Sambrica* ou *Samarica*, que je n'hésite pas à attribuer à la Somme (voir ch. VIII), rend tout à fait vraisemblable l'existence d'un certain mouvement de navigation, tout au moins dans la partie du fleuve voisine de l'estuaire.

Aisne. — Nous connaissons par divers textes la rivière d'Aisne (*Axona*)[1], qui joua un certain rôle stratégique au cours des campagnes de César[2]. L'origine de la navigation sur cette rivière semble être fort ancienne. Elle dut avoir une grande importance vers la fin du temps de l'indépendance gauloise et se continua pendant toute la période gallo-romaine. Les historiens de Soissons parlent tous, mais très sommairement, du commerce qui se faisait alors sur l'Aisne et de la navigation de cette rivière.

Berry-au-Bac, où la chaussée gauloise, devenue ensuite voie romaine, de Laon à Reims, traversait la rivière sur un pont, semble avoir été un centre considérable de batel-

---

1.   « An tenet herbosis qua frangitur Axona ripis,
    Cujus aluntur aquis pascua, prata, seges. »
                    (FORTUNAT, *Carmina*, VII, 14, 13.)
« Non tibi se Liger anteferat, non Axona præceps. » (AUSONE, *Mosella*, v. 461.)

2. « Flumen Axonam, quod est in extremis Remorum finibus, exercitum traducere maturavit, atque ibi castra posuit. » (CÉSAR, *De bello gallico*, l. II, 5.)

lerie. Des dragages opérés vers 1848 près de ce village, au lieu dit « les Montagnes de Gernicourt ou la Crayère », ont mis à jour une grande quantité de débris antiques de toute sorte et un certain nombre de monnaies gisant dans la vase. En face du lieu de cette trouvaille, trois cases ou grottes, distantes les unes des autres de 150 mètres environ, sont creusées dans le tuf de la colline. Ces cases ont pu servir d'entrepôts aux denrées et autres marchandises amenées par eau, puis enlevées par voitures de terre pour l'approvisionnement des villes voisines. Les débris trouvés dans la rivière semblent bien provenir du bris et de la perte de marchandises, au cours de leur chargement ou de leur déchargement, et aussi du mobilier des familles des mariniers, voituriers, commerçants, débardeurs, etc., qui vivaient là et y séjournaient plus ou moins longtemps, selon les saisons et les besoins du commerce [1].

D'autres ports devaient exister sur la rivière, tout au moins à Soissons (*Noviodunum Suessionum*) et à Condé-sur-Aisne, au confluent de l'Aisne avec son affluent, la Vesle, qui paraît avoir porté les barques gallo-romaines à Braisne, à Bazoches, à Fismes et à Reims [2].

Yonne. — Dans l'ensemble du réseau fluvial gaulois, l'Yonne (*Icauna*) était un rameau nécessaire pour la communication entre la Seine et la région à travers laquelle, par les rampes calcaires de la Bourgogne, s'ouvraient les seuils qui reliaient le bassin séquanien avec les contrées arrosées par la Saône et le Rhône. Il était tout aussi facile de gagner Auxerre (*Autessiodurum*), pour s'embarquer sur l'Yonne et descendre cette rivière jusqu'à Montereau (*Condate*), que de prendre le haut cours de la

1. Notes communiquées par M. Brucelle et M. Blanchard.
2. *Bulletin de la Société archéologique de Soissons*, 1853, p. 256.

Seine, qui ne devait guère être pratiquement accessible à la batellerie plus haut que Troyes. Les Sénonais avaient bien compris que leur situation de voie intermédiaire de transit rendait nécessaire pour eux le maintien de la libre circulation en amont et en aval, et ils avaient toujours cherché à se concilier les bonnes grâces des Éduens et des Parisiens, leurs voisins.

On sait le rôle important joué, pendant les guerres de la conquête, par la ville de Sens (*Agedincum*), dont les ressources étaient assez considérables pour que César ait pu y mettre en cantonnement jusqu'à six légions. Après la pacification, la prospérité de la ville ne fit que grandir, et, quand s'opéra le morcellement des provinces d'Auguste, elle devint le chef-lieu de la IVe Lyonnaise (Sénonaise), ce qui la constituait la métropole des cités de Chartres, d'Auxerre, de Troyes, d'Orléans, de Paris et de Meaux.

Cependant, malgré l'abondance des vestiges de sa grandeur passée découverts dans son sol ou dans les ruines de ses vieilles murailles, Sens n'a conservé aucune trace de son antique passé nautique. L'autre grand *emporium* de l'Yonne, Auxerre, nous a transmis une inscription dédiée à la déesse topique de la rivière, Icauna (n° 9), par quelque membre de la corporation des Nautes qui devait exister en ce point, et dont les bateaux venaient s'amarrer au même point que nos péniches d'aujourd'hui, au pied du coteau qui portait la vieille ville gauloise d'Autessiodurum [1].

Loire. — La Loire (*Liger*), le fleuve aux eaux claires

---

1. QUANTIN, *Histoire de la rivière d'Yonne. Bulletin de la Société des Sciences historiques et naturelles de l'Yonne*, XXXIXe volume, 1885.

et limpides [1], occupait une large place dans l'économie générale du réseau fluvial de la Gaule. C'était, nous le savons, une des routes les plus fréquentées vers l'Océan, reliée à la vallée du Rhône par plusieurs passages très pratiqués. L'activité y était déjà grande au temps de la conquête ; les convois d'approvisionnement empruntaient volontiers cette voie, et les ressources, au point de vue de la construction navale, y étaient alors suffisantes pour permettre à César, au moment de la guerre contre les Vénètes, d'y faire mettre en chantier plusieurs navires de guerre [2].

Plus tard, nous voyons le fleuve employé au transport des personnes [3], et sillonné de barques chargées de toutes espèces de marchandises, qui circulaient nuit et jour [4].

La navigation devait commencer à Roanne (*Rodumna*), où aboutissait la route venant de Lyon par la montagne de Tarare. Les nombreuses trouvailles, dans le sol de la ville, de fragments de vases d'Arezzo, sans mélange de poteries émanant des officines arvernes, a inspiré à M. Déchelette la pensée que cette ville, après la conquête, aurait servi d'entrepôt à certains produits de la péninsule, notamment à ces poteries italiennes [5]. Puis,

1. TIBULLE : « Carnuti et fluvii Cærula lympha Liger. »
PLINE : « Flumen clarum Ligerem. »
FORTUNAT : « Vitrea Liger. »
LUCAIN : « Jam placida Ligeris recreatur ab unda. »

2. CÉSAR, *De bello gallico*, III, 91 : « Cæsar naves interim longas ædificari in flumine Ligeri, quod influit in Oceano..... jubet. »

3. FORTUNAT, *Carmina*, 3, 4, 9 : « Si Ligerim vobiscum ascendissem, secundis fluctibus Namnetas occurrissem. »

4. *Magnobodi Vita b. Maurilii* : « Naves necessaria humanis usibus negotia deportantes diu noctuque per Ligerim discurrentiam habent, aliquando quædam earum grandi mercium onere refertæ subito perturbatione flante Austro cæperunt mergi sub ipso, ubi sanctus habitabat, cœnobio. »

5. DÉCHELETTE, *Découvertes gallo-romaines dans la ville de Roanne*, 1903.

lorsque le développement de la céramique gauloise eût, vers la fin du ı^{er} siècle, supplanté sur le marché les produits étrangers, « les importations italiques cessèrent, au grand détriment de la petite corporation de mariniers et de négociants qui formaient la population de Rodumna et tiraient profit de ce commerce extérieur. De là l'origine probable de la décadence anormale que nous constatons dans cette ville gallo-romaine, à une époque de prospérité générale et de pleine sécurité. »

Il ne semble pas que Roanne ait conservé aucune trace de l'ancien aménagement de son fleuve, bien que M. Léger y mentionne l'existence de vestiges de quais antiques [1]. Un vieil auteur du xviie siècle, de la Mure, a bien, à la vérité, parlé d'anneaux de fer prétendus antiques, conservés dans la rue de la Berge, près du lit ancien de la Loire, anneaux qui auraient servi à amarrer les bateaux à l'époque romaine, mais les assertions de ce vieil auteur ne doivent être acceptées que sous de prudentes réserves.

M. Coste, dans une *Notice sur les antiquités de Roanne*, publiée en 1857, indique l'ancien tracé du lit de la Loire, mais ne fait allusion à l'existence de quais que d'une façon tout à fait hypothétique [2].

En descendant le fleuve, la batellerie rencontrait l'importante station de Decize (*Decetia*), bâtie dans une île

1. Léger, *Les Travaux publics, les Mines et la Métallurgie au temps des Romains*.

2. « Il paraît qu'autrefois le cours de la Loire était beaucoup plus rapproché à l'ouest qu'il ne l'est aujourd'hui. Le fleuve suivait alors cette longue dune que nous voyons encore parallèlement aux rues Poisson, Marengo et Fontenille..... Il y a cent ans, on voyait encore sur la place d'Armes une espèce de ravin, reste de l'ancien lit dans lequel la Loire passait de temps en temps, lors des hautes eaux. A l'époque romaine, il devait y avoir des quais tout du long de cette partie du fleuve. Les rues de la ville venaient y aboutir. » (Coste, *op. cit.*)

inaccessible aux inondations. Vrai type d'oppidum fluvial, elle était déjà assez considérable au temps de la conquête pour que César y ait convoqué une sorte de congrès des Éduens, dans le but de mettre fin aux rivalités existant entre leurs chefs [1]. Grâce à sa situation, au point de convergence de plusieurs voies qui y traversaient le fleuve, au débouché de l'Aron, dont la vallée offrait une route facile vers l'Est, Decize conserva toujours une importance attestée par la découverte, sur son territoire, de nombreux restes d'antiquités.

Nevers (*Noviodunum*), au confluent de la rivière de Nièvre, constituait, sur le haut cours de la Loire, l'étape importante de la batellerie. Assise dans une excellente situation, à proximité de l'Allier, « elle avait à sa portée des éléments de progrès : mines de fer, belle pierre, eaux thermales, et le confluent d'une petite rivière abondante et limpide [2] ». Puis c'était, dit M. Jullian, dès le temps des Éduens, le port de la route de la vallée de la Nièvre, vers Auxerre et Sens ; le port et le lieu de passage sur la route de Bourges à Bibracte, et la grande étape de la batellerie entre Roanne et Orléans [3].

A l'époque de la guerre des Gaules, le mouvement commercial était déjà intense à Nevers, où résidaient des marchands romains (*quique eo negotiandi causâ convenerant*), qui furent massacrés, lors du sac de la ville, après l'échec des troupes romaines devant Gergovie. La ville servait alors d'entrepôt pour le blé destiné à l'armée, et les révoltés en emportèrent par le fleuve tout ce que leurs bateaux purent en contenir [4].

---

1. César, *De bello gallico*, VII, 33.
2. Vidal de la Blache, *Histoire de France de Lavisse*. T. I, *Tableau de la géographie de la France*, p. 153.
3. Jullian, *Histoire de la Gaule*, t. II, p. 537.
4. César, *De bello gallico*, VII, 55.

Point de passage d'eau important, Nevers était également un nœud de routes considérable. Six voies venaient
s'y rencontrer, parmi lesquelles les grandes voies de
Besançon à Orléans et d'Orléans à Lyon [1]. L'enceinte de
murailles, élevée probablement au iiie siècle, qui cir-
conscrivait la partie de la ville appelée encore « la
Cité », était reconnaissable au xvie siècle, mais aucune
trace de quais ou de travaux sur le fleuve ne semble
y avoir été constatée. Il est probable que le port antique
était un simple échouage et se trouvait au confluent de
la Nièvre et de la Loire, s'étendant sur la berge jusqu'à
l'ancien pont qui traversait le fleuve [2].

Après avoir passé devant la station de *Masava*, qui
occupait le site du village de Mesves, les mariniers trouvaient une escale au confluent de la petite rivière du
Nohain, au bourg de *Condate*, Cosne. L'ancienne bourgade d'origine celtique, établie en ce point qui fut toujours un lieu de passage du fleuve très fréquenté, occupait principalement le faubourg des Pêcheries, dont le
sol renferme de nombreux débris de poteries et de tuiles
à rebords de l'époque gallo-romaine.

Venaient ensuite les stations occupées aujourd'hui par
les villes de Briare (*Brivodurum*), où l'on a retrouvé de
nombreux vestiges antiques sur les coteaux qui
dominent la ville, et de Gien. Nul n'ignore les contro-

1. Jullien, *La Nièvre à travers le passé*, 1883.
2. C'était également dans cette partie du rivage que, d'après
M. Imbart de la Tour, était situé le port au Moyen Age : « Le
port de Nevers s'étendait depuis la tour du Rivage, baignée par
les eaux de la Nièvre, jusqu'à la tour du Havre, près de laquelle
se jetait le ruisseau du Croux. Entre ces limites se trouvaient le
guichet du port et la tour de Cuffy ou de Ninchat, dite aujourd'hui
tour Goguin, et aux remparts qui reliaient ces tours appendaient
de lourds anneaux de fer servant à l'amarrage des bateaux. »
(Imbart de la Tour, *La Loire*.)

verses ardentes qui se sont élevées à propos de l'identification de cette ville avec le *Genabum* des Commentaires de César ; nous n'insisterons pas sur cette question, qui semble bien définitivement tranchée en faveur d'Orléans. En face Gien-le-Vieil, sur la rive gauche, se trouvait un port qui, de toute ancienneté, a reçu et conservé le nom de Port Galet [1]. Quelle que soit l'origine de ce nom, qu'on le fasse dériver de *Portus Galliæ*, port de la Gaule, ou de *Portus galearum*, du mot *galea* appliqué à un genre de bateau, il semble bien que ce point d'accostage fut fréquenté de toute antiquité et remonte aux plus anciennes époques de la navigation du fleuve.

Le grand port commercial de la Loire moyenne était à Orléans, l'ancien *Genabum* gaulois [2], devenu plus tard *Aurelianum*.

Point de transit, halte en quelque sorte nécessaire pour les trafiquants qui se rendaient de Lutèce à Bordeaux, de Germanie en Aquitaine, Orléans fut de tout temps un des passages principaux de la Loire et une place commerciale de premier ordre. Strabon le signale comme le principal *emporium* des Carnutes [3], et, avant lui, nous savons par César que des commerçants romains étaient établis dans cette ville, qui était en même temps un grand centre d'approvisionnement, notamment en blés [4]. Les fouilles de la Loire ont donné quantité de

1. BIMBENET, *Genabum. Essai sur quelques passages des Commentaires de César. Mémoires de la Société archéologique de l'Orléanais*, t. IX, 1866.

2. « Genabum. A rapprocher de : 1° Genava, qui, comme Genabum, est un port et un pont ; 2° Genua, qui est un port et, comme Genabum, un emporium. Le radical *gen* doit se rapporter à une de ces particularités topographiques. » (JULLIAN, *Revue des Études anciennes*, t. III, p. 317, note 3.)

3. STRABON, *Géographie*, traduction Tardieu, l. IV, 2, 3.

4. CÉSAR, *De bello gallico*, l. VII, 3.

monnaies gauloises, grecques et romaines, indices certains d'une vie commerciale intense et d'un trafic par eau très florissant. Les villes gallo-romaines les plus commerçantes sont représentées par les échantillons les plus nombreux : sur 1.670 monnaies recueillies dans le fleuve jusqu'en 1898, 211 émanaient de Lyon qui, nous le savons, était en relation directe avec Orléans par les itinéraires du Rhône à la Loire.

Le port antique d'Orléans devait être un simple échouage sur les berges de la Loire ; il n'en est, du moins, resté aucune trace apparente, et il en était déjà de même au xve siècle, car les habitants présentèrent requête au Roi, en 1466, pour obtenir la permission de faire des quais et des abords pour mettre à l'abri les marchandises débarquées sur les rives de la Loire [1]. Lorsque fut construite l'enceinte gallo-romaine, dont la face sud longeait le fleuve, la tour d'angle sud-est, qui, après sa reconstruction au xie siècle, prit le nom de Tour Neuve, fut disposée pour servir de fanal sur la Loire, si nous en croyons une note de Vergnaud-Romagnési, reproduite par M. Blanchet dans son ouvrage sur *Les Enceintes romaines de la Gaule.*

Entre Orléans et l'embouchure de la Maine, une station fluviale dut exister à Blois, où aboutissait une voie importante venant de Chartres. La population primitive sur ce point semble avoir été groupée dans une île de la Loire, *Insula Evenna*, aujourd'hui faubourg de Vienne, réuni à la rive gauche, et les plus anciennes traditions historiques la montrent adonnée à la pêche et à la navigation. Touchard-Lafosse [2] présume que des chantiers de constructions pour les galères

---

1. VERGNAUD-ROMAGNÉSI, *Histoire de la ville d'Orléans.*

2. TACHARD-LAFOSSE, *Histoire de Blois et de son territoire depuis les temps les plus reculés jusqu'à nos jours,* 1846.

furent établis à Blois, et que les Romains avaient élevé un poste fortifié sur la hauteur occupée par le château actuel. Ce ne sont là que des suppositions et des hypothèses, dont rien n'est encore venu confirmer le bien fondé.

L'escale principale dans cette partie du fleuve était Tours (*Cæsarodunum*) d'abord bourgade gauloise groupée sur le coteau de Saint-Symphorien de la rive droite, puis établissement romain émigrant sur la rive gauche. De bonne heure les voies romaines convergèrent vers le confluent du Cher et de la Loire ; par là passait le grand chemin vers la vallée du Cher et Poitiers, et il est hors de doute que la vie nautique dût s'aviver au contact de ces routes terrestres.

Le confluent de la Loire et de la Maine fut toujours, lui aussi, un lieu de passage et d'échange très fréquenté. A l'époque de César, la Loire, fort large à cet endroit, était déjà traversée par un pont, qu'on place généralement aux Ponts-de-Cé, et qui servit de ligne de retraite aux troupes gauloises de Dumnacus [1]. En admettant même que les Ponts-de-Cé né soient pas antérieurs à l'occupation romaine, ils remontent certainement à cette époque, ainsi que l'établissent certaines découvertes faites lors de la démolition des anciens ponts, de 1854 à 1856 [2]. A une époque antérieure, le passage du fleuve devait être facilité par une sorte de chaussée noyée sous les eaux, constituée par deux lignes de pieux plantés à 1^m 20 environ l'un de l'autre, entre lesquels étaient amoncelées des pierres plates de schiste bleu. M. Béziau a reconnu la direction de cet ouvrage, du pointement schisteux de Saint-Maurille vers les rochers

---

1. César, *De bello gallico*, VIII, 27 : « (Dumnacus) non se satis tutum fore arbitratur, nisi flumen Ligerim, quod erat ponte propter magnitudinem transeundum, copias traduxisset. »

2. Bretaudeau, *Histoire des Ponts-de-Cé*.

de Sainte-Gemme, et il a cru pouvoir le faire remonter à l'époque néolithique, d'après les procédés de taille des pieux [1].

Le passage de la Maine s'effectuait sur un pont continué par une chaussée, pont dont on a pu reconnaître les restes à 300 mètres environ au-dessus du village de la Pointe [2].

En remontant un peu la Maine, Angers (*Juliomagus*), dont le nom même indique l'existence d'un marché, d'un lieu d'échange placé à proximité de la Loire et tout près du point de rayonnement des trois rivières de la Sarthe, de la Mayenne et du Loir, occupait une position fluviale de grande importance, à laquelle les fortifications de la ville haute vinrent assurer, dès le IVe siècle, une protection efficace.

En revenant à la Loire, pour se diriger vers Nantes, on rencontrait successivement Ancenis, lieu de passage en bac vieux comme le monde ; Chantoceau, où le resserrement du fleuve rendit facile l'établissement d'un service de batellerie et qui a conservé les restes reconnaissables d'une enceinte romaine, destinée probablement à la surveillance et à la défense du fleuve ; Mauves, autre lieu de passage, où une digue romaine permettait les communications en basses eaux, centre de population important dont on a retrouvé de nombreux vestiges, temple, théâtre, etc., et l'on arrivait enfin à la métropole du bas fleuve.

L'antique cité qui a précédé la ville de Nantes dut être composée de deux agglomérations distinctes : l'ancienne bourgade celtique de *Condevincum*, et le port sur la Loire, *Portus Namnetum*. Desjardins [3] plaçait

1. BÉZIAU, *Une chaussée préhistorique dans le lit de la Loire*.

2. BÉRAUD, *Mémoires sur le camp romain de Frémur. Mémoires de la Société d'Agriculture, Sciences et Arts d'Angers*, t. V, 1842.

3. DESJARDINS, *Géographie historique et administrative de la Gaule romaine*, t. I, p. 287.

Condevincum, l'ancienné bourgade devenue chef-lieu des Namnètes au iie siècle, en amont du confluent de l'Erdre et de la Loire, au point correspondant au quartier élevé de la ville moderne, et le *Portus Namnetum*, ou *Vicus Portuensis*, en aval de ce confluent, correspondant au quartier ouest ou à la ville basse de Nantes.

Pour Bizeul [1] et M. Maître [2], le *Portus Namnetum* devrait être cherché, au contraire, en amont du confluent, au Port-Maillard, sur lequel ouvrait une porte des remparts gallo-romains, permettant de communiquer avec le fleuve et les bateaux qu'il amenait à Nantes. Le terrain naturel formait une pente inclinée, que les Romains avaient laissée libre, pour y faire un port de débarquement et un marché, au besoin.

Si l'on peut discuter sur l'emplacement absolument précis du Portus, il n'en demeure pas moins certain que c'est à l'embouchure de l'Erdre, en face des îles qui divisent sur ce point le cours de la Loire, que doit être placé ce port fluvial, à qui l'existence d'une compagnie de Nautes de la Loire, *Nautæ Ligerici*, connue par une inscription dédicatoire à Vulcain (n° 32), permet d'attribuer une véritable importance à l'époque gallo-romaine.

Sur la rive gauche de la Loire, faisant face au *Portus Namnetum*, au site actuel de Rezé, à peu de distance du confluent de la Sèvre, devait se trouver l'ancien port des Pictons, qui correspondait vraisemblablement à la ville de *Ratiastum* (Ῥατίαςον) de Ptolémée [3]. Ce port existait encore au ixe siècle. Ermentaire, auteur de la

---

1. BIZEUL, *Des Namnètes aux époques celtique et romaine*, p. 298.

2. MAÎTRE, *Géographie historique et descriptive de la Loire-Inférieure*. T. II, *Nantes avant les Normands*.

3. MAÎTRE, *Géographie historique et descriptive de la Loire-Inférieure*. T. I, *Les villes disparues des Pictons*.

vie de saint Philibert, raconte le voyage d'une dame du Mans, se rendant de cette ville à Déas (aujourd'hui Saint-Philibert-de-Grandlieu), où se trouvait le tombeau du saint, et qui suivit la voie fluviale par la Sarthe, le Maine et la Loire, « usque ad optatum portum qui Ratiatus dicitur, a monasterio quod Deas vocant octo miliariis ». On a trouvé sur ce territoire de nombreux débris romains et reconnu des débris de barrages indiquant une ancienne régularisation du cours de la Loire. Quand on creusa les fondations du pont, on rencontra divers objets tels que des poteries, des meules et des monnaies, et, plus tard, des substructions qui paraissent indiquer le séjour des bateaux et les vestiges d'un quai[1].

En aval de Nantes, vers le point où le fleuve se perdait dans l'Océan, se succédèrent deux ports, à la fois maritimes et fluviaux, qui servirent de lieux d'escales pour la navigation maritime, en même temps que de points de transbordement et de têtes de ligne pour la navigation fluviale en Loire.

Le premier de ces ports, *Corbilo*, ne nous est connu que par un passage de Strabon, qui nous en parle comme d'une place de commerce disparue de son temps : « On voyait naguère sur les bords du fleuve (la Loire) un emporium du nom de Corbilo[2]. » Spalz, auteur de *Notes historiques sur la commune de Couëron*, publiées dans le *Bulletin de la Société archéologique de Nantes*, t. V, 1865, place à Couëron, avec d'Anville et Valois, le port de *Corbilo*, qui, d'après lui, serait devenu ensuite le *Portus Namnetum*. En réalité, aucun indice ne permet de déterminer avec quelque certitude le site ancien de ce port, que Desjar-

1. *Bulletin de la Société archéologique de Nantes*, t. III, p. 92.

2. Strabon, *Géographie*, traduction Tardieu, l. IV, 2, 1.

dins pense cependant pouvoir placer au pied du plateau
de Guérande, vers Escoublac.

M. Maître situe *Corbilo* à Saint-Nazaire, dans l'anse,
plus profonde qu'aujourd'hui, qui touche le village de
Méans. Pour lui, cette anse aurait eu cet avantage « de
fournir un refuge abordable tout aussi bien aux chalands plats de la Loire qu'aux carènes à hauts bordages
des bateaux de mer, et de leur procurer une place où il
était facile de transborder leurs marchandises d'un
bateau dans un autre, après avoir négocié leurs achats
et leurs échanges dans les immenses plaines de Méans
qui forment un champ de foire incomparable [1] ».

L'autre port d'estuaire de la Loire est mentionné sous
le nom de Βριονάτης λιμήν, *Brivates Portus*, par Ptolémée, qui le cite entre les bouches de la Loire et l'Herius
ou Vilaine [2]. La situation exacte de ce port est l'objet de
vives controverses, compliquées par ce fait que l'ancien
cours du Brivet, dont l'escale en question tirait certainement son nom, prête également à des divergences
d'opinion entre les auteurs qui se sont occupés de
cette question de topographie ancienne.

M. Maître (*op. cit.*) place le *Brivates Portus* dans la
baie de Croisic.

M. de Kersabiec, et Desjardins après lui, estimaient
que le marais de Grande-Brière, qui s'étend en arrière
de Saint-Nazaire, au nord de l'embouchure de la Loire,
communiquait autrefois directement avec la mer par le
Brivet, et le dernier de ces deux auteurs plaçait le *Brivates Portus* à l'extrémité septentrionale de l'ancienne

---

1. MAÎTRE, *Géographie historique et descriptive de la Loire-
Inférieure.* T. I, *Les villes disparues des Namnètes.*
2.   Post Ligeris fluvii ostia :
                           Brivates portus ;
                           Herii fluvii ostia.

presqu'île de Guérande, près de Saint-Lyphard, où se montrent encore des retranchements anciens, les Grands-Fossés Saint-Lyphard, qui appartiennent peut-être, non pas aux fortifications de l'époque gallo-romaine, mais à la grande famille des enceintes préhistoriques.

M. Ramé recule notre port jusqu'aux sources mêmes du Brivet, au village de ce nom, au fond du marais de Saint-Gildas, qui aurait été un golfe à l'époque romaine.

En ce qui me concerne, je me range tout à fait sur ce point à l'opinion de MM. de Kerviler [1] et Bastard [2], qui me semblent avoir démontré que le Brivet, ou Etier de Méan, qui se jette actuellement dans la Loire à 800 mètres en amont de Saint-Nazaire, avait autrefois son lit dans la coulée d'alluvions qui traverse obliquement le nouveau bassin de cette ville, et que le *Brivates Portus* devait avoir son emplacement vers l'embouchure de la rivière, entre les deux pointes de Ville-Halluard et de Penhouët. D'ailleurs, les fouilles pratiquées lors du creusement du bassin de Penhouët ont démontré l'existence à cette place d'un port, ou tout au moins d'un lieu de mouillage, et cela dès une époque probablement bien antérieure à l'occupation gallo-romaine. M. Kerviler a reconnu en cet endroit, parmi de nombreux objets de l'âge du bronze, des pierres de mouillage, percées à leur sommet d'un trou à double cône par lequel on passait l'amarre qu'on filait ensuite du bateau. Six de ces pièces, du poids de 80 kilos environ chacune, servaient d'amarres à des bateaux qui devaient déjà être d'une certaine importance. D'autres, plus petites, destinées à de simples pirogues, présentaient la forme d'un

1. KERVILER, *L'âge du bronze et les Gallo-Romains à Saint-Nazaire-sur-Loire*, 1868. — *Études critiques sur l'ancienne géographie armoricaine*, 1882.

2. BASTARD, *Saint-Nazaire. Son histoire. Les découvertes du bassin de Penhouët. Le Portus Brivates des Romains.*

cylindre creusé d'une gorge pour la fixation de l'amarre.

Je ne mentionne que pour mémoire les opinions qui placent le *Brivates Portus* à Saint-Brévin et à Brest. Ces deux dernières identifications, l'une au sud de l'estuaire de la Loire, l'autre au nord de la Vilaine, sont en contradiction absolue avec les données topographiques fournies par le texte de Ptolémée.

Lac de Grandlieu, Achenau et Tenu. — Au sud de la Loire, les nombreuses découvertes de monnaies faites sur le bord du lac de Grandlieu et dans les rivières de l'Achenau et du Tenu sont les indices certains d'une ancienne navigation [1]. « Les Romains, dit M. Maître, en parlant de cette dernière rivière, n'ont pas négligé les moyens de transport qu'elle leur offrait ; ils ont circulé dans toutes les directions pendant plusieurs siècles avec des cargaisons, et n'ont pas toujours pu éviter les naufrages quand ils s'aventuraient sur le Tenu pendant les basses eaux [2]. » La navigation sur ce cours d'eau survécut à la chute de l'organisation gallo-romaine, car un diplôme de Sigebert, de 651, accorde à une abbaye le droit de percevoir des droits sur le fleuve *Taunucus*, et un diplôme de Louis le Débonnaire, de 815, dispense une abbaye des droits de navigation pour trois nefs sur certaines rivières, au nombre desquelles le Tenu est compris.

Arroux. — Parmi les affluents du cours supérieur de la Loire, je n'en citerai qu'un, l'Arroux, dont l'ancienne

---

1. *Congrès archéologique de France*, 1864, p. 59. — GUICHARD, *Notice sur le lac de Grandlieu, Bulletin de la Société de Géographie*, 1887, p. 171 à 183.

2. MAÎTRE, *Géographie ancienne de la vallée du Tenu et du port de Saint-Mexme*, 1899.

navigabilité, bien qu'elle ne soit prouvée par aucun document certain, me semble cependant infiniment probable. L'importance considérable qu'eut toujours cette vallée, couloir de communication entre la Loire et la grande cité d'Autun, au cœur du pays Éduen, me fait supposer que la rivière elle-même ne dut pas être négligée comme voie de transport[1]. Tel était aussi l'avis de l'ingénieur Antoine, dont nous avons déjà cité l'ouvrage sur la Navigation de Bourgogne : « On pourrait assurer que cette rivière (l'Arroux) a été autrefois navigable jusqu'à Autun ; l'extrême pesanteur des colonnes de granit et de marbres étrangers, dont on retrouve encore de grands morceaux, ne permet pas de croire qu'on ait pu les voiturer par terre : ce n'est vraisemblablement que par l'Arroux qu'on aura conduit ces masses énormes à leur destination[2]. »

L'état ancien de la rivière rend tout à fait acceptable l'hypothèse de son utilisation par la batellerie, car, en 1829, l'Arroux était encore classé comme navigable à partir de Gueugnon et comme flottable depuis Autun. Sur cette partie circulaient les bateaux à vide construits dans les environs de Toulon[3].

Au nord et au sud de la Loire, deux fleuves secondaires pénétraient profondément dans les terres, et, s'ils étaient moins liés que d'autres grands cours d'eau à la circulation générale, avaient cependant une fonction importante comme chemins d'eau dans les vastes bassins dont ils formaient l'artère principale.

1. Peut-être même exista-t-il sur l'Arroux une antique corporation de bateliers. Nous trouverons mentionnés, dans l'inscription n° 31, des *Nautæ Arecarii*, dans lesquels certains commentateurs ont voulu voir des Nautes de l'Arroux.

2. ANTOINE, *La navigation de Bourgogne*, p. 89.

3. DUTENS, *Histoire de la navigation intérieure de la France*, 1829.

Vilaine. — C'était, au nord, la Vilaine, dans le voisinage de laquelle l'exploitation de riches gisements d'étain avait, dès la plus haute antiquité, amené la foule des transporteurs et des trafiquants. Avant la conquête romaine, l'embouchure de la rivière était fréquentée par la puissante marine des Vénètes. Cette navigation d'estuaire resta toujours florissante, tandis que les bateaux plus légers remontaient jusqu'à Rennes (*Condate Rhedonum*), assise dans une position fluviale excellente, à l'angle formé par la Vilaine et la rivière d'Ille, descendue du nord.

Charente. — Au sud de la Loire s'ouvrait l'estuaire de la Charente (*Carantonus*). Ce fleuve, mentionné par Ausone dans son poëme sur la Moselle [1], trace une voie sur laquelle la navigation fut toujours active, tout au moins à partir de Cognac. Plusieurs groupes de population situés sur les rives de la Charente : Merpins, Crouin, Châtenet et, plus tard, Cognac, durent être les centres d'un important commerce de sel, que les mariniers, aidés du flux et du reflux qui se faisaient alors sentir jusque là, allaient recueillir dans les marais salants situés vers l'Océan, aux dernières limites du bassin de la Charente [2]. C'est là, dans les parages de l'embouchure du fleuve, que devaient être les ports d'attache de ces navires des Santons, englobés par César dans sa flotte lors de son expédition contre les Vénètes [3].

Saintes (*Mediolanum Santonum*), placé à un nœud

---

1. « Santonico refluus non ipse Carantonus æstu. » (AUSONE, *Mosella*.)

2. MARVAUD, *Études historiques sur la ville de Cognac. Bulletin de la Société archéologique et historique de la Charente*, 2ᵉ série, t. II, 1856-58.

3. CÉSAR, *De bello gallico*, III, 11.

de routes considérable, sur la grande voie commerciale de Bordeaux, utilisa certainement les facilités offertes pour les transports par le beau fleuve qui coulait sous ses murs, et, bien que les monuments épigraphiques soient, jusqu'à présent du moins, demeurés muets sur ce point, il faut tenir pour certain que cette ville, si prospère aux derniers beaux temps de la Gaule romaine, avait sa batellerie organisée et ses corporations de Nautes, comme Lyon, Paris et Nantes. De nombreux restes d'habitations gallo-romaines découverts sur les rives de la Basse-Charente et de ses affluents sont l'indice certain de la prospérité et du mouvement qui régnaient sur les rives de ce fleuve, et, comme le dit M. Bloch [1], les villas suspendues au bord de la Charente, sur les coteaux de l'Angoumois, n'étaient pas moins nombreuses, moins riantes, que celles des bords de la Garonne.

Meuse. — Le nom de la Meuse (*Mosa*) revient souvent dans les écrits des auteurs anciens, depuis César, qui lui consacre une brève description [2], jusqu'à Fortunat et Sidoine Apollinaire. Les Romains y naviguaient déjà quarante-quatre ans avant notre ère [3] ; certains vers de Fortunat font allusion aux barques que portait le fleuve [4] ; mais il est probable cependant que la naviga-

---

1. *Histoire de France*, publiée sous la direction de M. Lavisse, t. I, 2ᵉ partie.

2. « Mosa profluit ex monte Vosego, qui est in finibus Lingonum, et parte quadam ex Rheno recepta, quæ appellatur Vacalus, insulam efficit Batavorum, neque longius ab Oceano millibus passum LXXX in Rhenum influit. » (CÉSAR, *De bello gallico*, l. IV, 10.)

3. DION CASSIUS, XLIV, 42.

4. « Aut Mosa dulce sonans, quo grus, ganta, anser olorque est, Triplice merce ferax, alite, pisce, rate. » (FORTUNAT, *Carmina*, 7. 4, 11.)

tion commerciale ne dut jamais y être très active à cause de l'absence de débouchés, Aucune route ne suivait la vallée de la Meuse ; les voies qui l'abordaient ne faisaient que la traverser ; on aurait cherché en vain une véritable ville sur tout le cours de la rivière. C'étaient là des conditions tout à fait défavorables pour la naissance et le développement des transports commerciaux.

Mais si la Meuse ne joua pas un grand rôle à cette époque au point de vue économique, son importance stratégique fut considérable à l'époque des invasions, et la batellerie intervint plusieurs fois au cours des opérations militaires. C'est ainsi que Julien se servit de barques pour coopérer au blocus de forteresses riveraines de la rivière devant lesquelles il avait mis le siège, et que des châteaux forts, bâtis par le même empereur sur la Meuse pour contenir les Francs dans leurs limites, furent ravitaillés par une flottille nombreuse, avec des blés qu'elle avait été chercher en Bretagne.

Moselle. — La Moselle (*Mosella*) apparaît pour la première fois dans Tacite (*Annales*, XIII, 53), et il en est fréquemment question par la suite. Sa vallée était la grande voie de circulation vers l'est et la région du Rhin, voie stratégique et commerciale à la fois. Sans cesse parcourue par les légions qui se rendaient à la frontière de la Germanie ou en revenaient, c'était aussi la route qui reliait le Rhône et la Saône au Rhin, et constituait l'une des artères commerciales les plus fréquentées, aussi bien par la voie de terre que par le fleuve navigable comme la mer « *naviger ut pelagus* ».

Ausone, dans un poème entièrement consacré à cette rivière, nous dépeint l'animation extrême dont elle était le théâtre, nous montre ses eaux sillonnées d'embarcations de toute espèce, les unes circulant à la rame, les autres tirées par des haleurs [1]. Il y avait même déjà des joutes pour les rameurs, prélude de nos régates modernes [2]. Sur les rives, la vie n'était pas moins intense et le spectacle moins attrayant : « La rivière serpentait, poissonneuse et limpide, entre deux rangées de collines couvertes de bois, de cultures, de vignobles déjà célèbres, dont le vin faisait l'objet d'un actif commerce. A droite et à gauche, sur les saillies des rochers et dans les replis des vallons, s'étalaient les châteaux bâtis par les fournisseurs des armées. » (BLOCH, *op. cit.*) L'aspect de la vallée, avec ses bords plantés de vignes et les villas parsemées sur ses rives, rappelait à Ausone Bordeaux, sa patrie, et sa Garonne bien-aimée.

Deux cités importantes jalonnaient le cours de la Moselle, avant son confluent avec le Rhin : Metz (*Divodurum*), au croisement de deux routes importantes allant de Langres à Trèves et de Reims à Strasbourg, cité où la navigation avait pris assez d'essor pour donner naissance à une corporation de Nautes de la Moselle, *Nautæ Mosallici*, qui nous est connue par une inscription dont nous donnerons le texte plus loin (n° 33), et la cité impériale de Trèves (*Colonia Augusta Treverorum*).

Capitale administrative et ville de guerre, Trèves

1.　　« Tu duplices sortite vias, et quum amne secundo
　　Defluis, ut celeres feriant vada concita remi ;
　　Et quum per ripas nusquam cessante remulco
　　Intendunt collo malorum vincula nautæ. »
(AUSONE, Edyllia X, Mosella.)

2.　　« Hæc quoque quam dulces celebrant spectacula pompas
　　Remipedes medio certant quum flumine lembi
　　Et varios ineunt flexus. »
(AUSONE, Mosella.)

était également une place commerciale de premier ordre [1]. Le passage incessant des légions sur les routes qui la traversaient et qui formaient la grande voie de Lyon vers le Rhin ; sa situation comme centre principal d'approvisionnement pour les troupes qui opéraient sur les frontières germaniques, devaient nécessairement y créer un mouvement important de trafic et de transit. MM. Allmer et Dissard placent à Trèves le port de rembarquement des vins qui, en quantité considérable, remontaient la Saône pour gagner, par la Moselle, la région du Rhin [2]. La grande artère commerciale de Trèves était la rivière, accessible jusque là à des barques de fort tonnage, et qu'Ausone nous montre apportant des marchandises de toutes les contrées de la terre [3]. L'importance nautique de la ville s'augmentait encore du voisinage du grand affluent de la Moselle, la Sarre (*Saravus* ou *Sara*), fréquentée par les barques, malgré son cours rapide et ses eaux bruyantes [4].

Rhin. — Nous ne dirons qu'un mot du Rhin, qui

---

1. « Il fallait une capitale particulière à ces massifs et à ces bassins du nord-est, dont la Moselle est l'axe et la richesse : et c'étaient les rives de cette rivière qui étaient désignées, par suite, pour la recevoir. Mais si, dans sa vallée, les carrefours sont nombreux, aucun ne s'impose comme durable. Celui qu'elle forme avec la Sarre, le plus long et le plus indépendant de ses affluents, attirait davantage l'attention : c'est près de là que Trèves s'élèvera. » (JULLIAN, *Histoire de la Gaule*, t. I, p. 39.)

2. ALLMER et DISSARD, *Inscriptions antiques de Lyon*, p. 458.

3. « Largus tranquilla prælabitur amne Mosella,
Longinqua omnigenæ vectans commercia terræ. »
(AUSONE, *Ordo nobilium Urbium*, 33.)

4. « Naviger undisona dudum me mole Saravus
Tota veste vocat. »
(AUSONE, *Mosella*.)

appartient plutôt à la Germanie, mais dont la navigation était, comme nous l'avons vu, liée dans une certaine mesure à notre réseau rhodanien.

Comme le dit très bien M. Jullian, « le Rhin est, de tous les fleuves de l'Europe, celui qui favorise le plus la navigation, les échanges et les contrats : une barque peut le franchir aisément et presque sur tous les points ; il a d'excellents ports et des lieux de traversée fort commodes. La navigation y fut toujours pour les riverains un simple jeu [1] ». Aussi voyons-nous, dès l'arrivée des Romains sur les bords du fleuve, une batellerie nombreuse et bien organisée qui nous apparaît, mêlée à toutes les opérations de guerre dans ces parages : les Ubiens offrent à César une quantité de barques (*navium magnam copiam*) pour lui permettre de traverser le Rhin ; les cavaliers Sicambres le franchissent sur des barques et des radeaux ; les soldats d'Arioviste, après leur défaite, opèrent leur retraite en traversant le fleuve à la nage ou sur des barques ; les Usipètes et les Tenctères s'emparent des barques des Ménapiens pour opérer le passage, etc.

Par la suite, le Rhin reste toujours un fleuve militaire. Germanicus y fait construire toute une flottille, pour transporter ses troupes vers l'île des Bataves, en attendant que la flotte germanique, la *Classis Germanica pia fidelis*, vienne s'installer d'une façon permanente sur le fleuve, pour en assurer la police et la surveillance.

Le fleuve était la grande voie de ravitaillement, l'artère principale de communication entre tous ces postes stratégiques et ces places de guerre qui s'étaient établis le long des rives, et dont certains devinrent peu à peu, par la force même des choses, de véritables villes, où

---

1. JULLIAN, *Histoire de la Gaule*, t. I, p. 55.

le commerce et l'industrie tenaient largement leur place. Les inscriptions mentionnant des négociants ou des corporations commerciales se sont rencontrées en assez grand nombre à Mayence et à Cologne. Sur le Rhin, la batellerie fluviale, alimentée par ces nécessités de transport et ce mouvement de négoce, trouvait sa place à côté de la marine militaire. L'inscription funéraire du Naute Blussus, avec sa représentation figurée d'une barque (n° 23), évoque le souvenir de cette navigation, et l'ancienne corporation des bateliers de Strasbourg prétendait se rattacher à d'antiques origines, qui faisaient remonter son existence à la fondation même de la ville [1].

Le mouvement nautique n'était pas limité au Rhin, mais s'étendait également à ses affluents navigables ou simplement flottables. Nous en avons la preuve pour le Neckar par une inscription au Génie des Nautes (n° 25), et pour l'Alb par une inscription dédiée par les Nautes à Neptune (n° 24). Sur le Mein, à Gross-Krotzenburg, une pierre, avec attributs de Neptune, qui y fut trouvée, peut faire présumer l'existence en ce lieu d'une corporation de bateliers [2].

---

1. ENGELHARDT, *La Tribu des Bateliers de Strasbourg et les Collèges de Nautes Gallo-romains. Revue Alsacienne*, 1887.

2. M. DE RING, *Mémoire sur les établissements romains du Rhin et du Danube*, t. I, p. 306.

CHAPITRE V

OUVRAGES DE NAVIGATION

I

TRAVAUX DE CORRECTION ET DE CANALISATION

On pourrait supposer que l'importance de la circulation fluviale en Gaule avait dû inspirer aux Romains,
ces infatigables remueurs de terre, l'idée de faciliter la
navigation de certains cours d'eau par des travaux de
correction, comme aussi de mettre certaines voies fluviales en communication avec d'autres, au moyen d'ouvrages faits de main d'homme. Les Romains n'ignoraient
pas les travaux de ce genre et connaissaient les deux
sortes de canaux qui permettaient de les mener à bien :
ceux destinés à relier entre elles des rivières de bassins
différents et à éviter des transbordements, et les canaux
latéraux, creusés pour tourner des passages difficiles ou
suppléer à des embouchures impraticables [1]. S'ils ignoraient le mécanisme des écluses, qui n'apparurent que
beaucoup plus tard, ils pratiquaient certains procédés
permettant de compenser des différences de niveau.

Bergier signalait déjà des ouvrages de cette nature,
exécutés de l'autre côté des Alpes : « En la Gaule que
les Romains appelloient cisalpine, tant deçà que delà le

---

1. Léger, *Les Travaux publics, les Mines et la Métallurgie du
temps des Romains*, p. 351.

Pô, il s'est trouvé dès ces temps antiques plusieurs ruisseaux élargis et approfondis et plusieurs fosses artificielles, par lesquelles villes et territoires voisins envoyoient leurs fruits et marchandises par batteaux jusques aux rivières navigables, pour de là les conduire en mer, et de la mer en quelque région que ce fust : desquels Augustinus Eugubinus parle comme tesmoin oculaire : Factum in Galliâ hominum industria, ut omnis propè eorum regionis rivos, sive, ut ipsi vocant, canales habeat, per quos navigiis onera in magna flumina, indè in mare, deducunt [1]. »

La Gaule transalpine paraît avoir été infiniment moins favorisée sous ce rapport. La navigation s'effectuait généralement sur des cours d'eau à l'état naturel. Peut-être avait-on tenté quelques rares travaux de correction des berges, comme celui qu'Agrippa avait fait exécuter à Lyon, au lieu qui porte aujourd'hui le nom de Rochetaillée, en enlevant une saillie de rocher qui barrait en partie la Saône et constituait un danger sérieux pour la navigation. Sur quelques points, également, on avait construit des barrages, destinés à élever le niveau des eaux dans certains biefs ou à diminuer la violence du courant [2]. Ces barrages étaient construits avec des pierres amoncelées, ou avec des amas de terre maintenus par des madriers et des pilotis. Ammien Marcellin (XXVIII, 2) décrit un ouvrage de ce genre établi par Valentinien sur le Neckar, pour détourner le cours de la rivière et empêcher un fort construit sur la rive d'être emporté par les eaux. On a, d'ailleurs, élevé de

---

1. Bérgïer, *Histoire des grands chemins de l'Empire romain*, t. II, p. 793 et 794.

2. « Quorum si nihil nobis loci natura præstaret, expeditum tamen erat cataractis aquæ cursum temperare. » (Pline, *Epist.*, X, 69.)

tout temps des barrages semblables sur nos rivières ; il est donc très difficile, lorsqu'on en rencontre des vestiges, de leur assigner une date, si l'on ne possède pas d'autre renseignement que leur mode même de construction.

Je ne vois à citer, comme ouvrages artificiels de navigation, que le canal des Fosses Mariennes, établi le long du bas cours du Rhône, les travaux de correction de l'embouchure de l'Aude, et les travaux de jonction du Rhône et de la Saône, à Lyon. L'existence de canaux dérivés de la Durance, dont il est question dans certains auteurs, me semble très problématique. Nous signalerons également, bien qu'il n'ait pas été exécuté, un projet de canal destiné à relier la Saône à la Moselle, et, quoiqu'ils n'appartiennent pas à la Gaule, des travaux de canalisation dans la région du cours inférieur de la Meuse et du Rhin.

Fosses Mariennes. — Dans la partie inférieure du cours du Rhône se développait un ouvrage de canalisation important, les célèbres Fosses Mariennes, dont l'étude a soulevé de nombreuses controverses, qui n'ont peut-être pas reçu encore leur solution définitive. Sans vouloir entrer dans tous les détails de la discussion, qui exige une connaissance approfondie de la topographie locale, nous allons nous borner à indiquer les principales opinions émises sur la question [1].

1. Il existe à propos du Canal de Marius une très importante bibliographie, parmi laquelle nous nous bornerons à citer les ouvrages ou mémoires suivants : DESJARDINS, *Géographie historique et administrative de la Gaule romaine*, t. I, p. 213 et ss. ; t. II, p. 318 et ss. — LENTHÉRIC, *Les villes mortes du golfe de Lyon*, p. 405 et ss. D°. *Le Rhône*, t. II, p. 476. — SAUREL, *Fossæ Marianæ, ou recherches sur les travaux de Marius à l'embouchure du Rhône*, 1865. — GILLES, *Les Fosses Mariennes et le Canal Saint-*

On sait dans quelles conditions l'œuvre fut conçue et exécutée. Marius ayant installé près du Rhône un camp, d'où il surveillait les mouvements des Cimbres, employa les loisirs forcés de ses soldats à creuser une communication factice entre ce camp et la mer, afin de pouvoir assurer son ravitaillement par bateaux, sans avoir à redouter les dangers créés par l'instabilité des conditions de navigabilité de l'embouchure du Rhône. C'est à ce canal qu'on a donné le nom de *Fossa Mariana* (POMPONIUS MELA), ou, plus généralement, de *Fossæ Marianæ* : « Ultra, fossæ ex Rhodano C. Marii opere et nomine insignes » (PLINE, l. III, 4).

La situation même du camp de Marius n'est pas encore déterminée d'une façon absolument certaine. On l'a placé à Arles même ; sur la pointe occidentale des Alpines ; à Saint-Gabriel (*Ernaginum*). Ce dernier emplacement semble réunir les suffrages les plus nombreux.

Quant au mode d'établissement du canal, deux opinions sont en présence. Pour certains archéologues, l'ouvrage comportait un canal continu, alimenté par le Rhône et conduit parallèlement au fleuve. Pour d'autres, le creusement des Fosses Mariennes aurait eu pour résultat de réunir par des canaux formant une série de passes navigables les étangs situés le long du Rhône, entre Arles et la mer, étangs à peu près complètement desséchés aujourd'hui.

Ces grands travaux semblent avoir laissé peu de traces apparentes. On leur a attribué certaines levées de terres, où d'autres n'ont voulu voir que des cordons littoraux. M. Salles, partisan du canal continu, pense « reconnaître

Louis, 1869. — BERNARD, *Note sur le canal de Marius*, 1876. — AURÈS, *Nouvelles recherches sur le tracé des Fosses Mariennes et sur l'emplacement du camp de Marius*, 1873. — SALLES, *Note sur le canal et le camp de Marius. Congrès archéologique d'Arles*, 1876.

ce travail célèbre dans l'ancien lit du fleuve, désigné sous le nom de Bras-mort, et qui, s'embranchant sur le bras de l'Escale au Pas-de-Bouchet, se jetait dans l'étang de Galéjon au nord de la Roque ».

Pour Lenthéric, « les rives indécises de l'étang de la Fousse rappellent les *fossæ* creusées par l'armée romaine et se trouvent à peu près sur le même emplacement ».

Pour M. Aurès, les traces de cet ouvrage sont complètement effacées depuis longtemps. Il ne serait pas impossible, ajoute-t-il, que l'une des roubines actuelles suivît, encore aujourd'hui, la même direction que cet ancien canal, et en conservât ainsi le souvenir.

Quant au point de débouché du canal dans la Méditerranée, s'il y a des divergences sur son emplacement tout à fait précis, tout le monde est d'accord pour le faire aboutir dans le golfe de Fos. Desjardins divise le canal en deux branches, se terminant l'une au Grau de Galéjon, l'autre au sud de Fos et de l'étang de l'Estomac. Lenthéric place l'embouchure à Fos même ; Blancard, au pied de la montagne de Fos. Salles et Aurès opinent pour le Grau de Galéjon, et Léger pour la partie du golfe de Fos qui porte le nom d'Anse du Repos.

M. Jullian adopte le tracé suivant : Bras-mort, partant en face de l'île des Pilotes, à 12 milles de l'embouchure actuelle, ligne des marais littoraux finissant à l'étang de Galéjon, débouché dans la mer à Fos [1].

M. Clerc conduit le canal de Fos à l'étang Redon, près de l'étang de Vaccarès, avec débouché sur un bras disparu [2].

Le canal, devenu canal de navigation à péage entre les mains des Marseillais, semble avoir été négligé après la prise de Marseille, en 49 av. J.-C., lorsque l'importance

1. JULLIAN, *Histoire de la Gaule*, t. III, p. 75, note 9.
2. CLERC, *La bataille d'Aix*, 1906.

de la ville commença à décroître singulièrement par suite
des restrictions apportées à ses entreprises commerciales
et maritimes, et son entrée était déjà devenue difficile au
temps d'Auguste.

Canalisation de la Durance. — Dans la même
région, il nous faut mentionner, tout au moins pour
mémoire, des travaux qui, d'après certains auteurs ins-
pirés surtout par la *Statistique du Département des
Bouches-du-Rhône*, auraient eu pour objet de canaliser
et de rendre navigable une dérivation de la Durance.
Cette rivière, arrêtée à Orgon par un barrage naturel,
aurait envoyé ses eaux par la vallée de Saint-Remy,
dans la direction de Saint-Gabriel. L'ancienne navigabilité de cette dérivation, dont les traces ont, paraît-il,
conservé le nom de « Vieille-Durance », me semble tout
aussi hypothétique que celle d'une autre branche de la
même rivière qui, d'après Desjardins, se serait dirigée
de Mallemort sur Salon, pour se diviser là en deux
branches gagnant, l'une, les étangs d'Arles dans le voisinage du Rhône, l'autre, l'étang de Berre par la Touloubre [1].

Correction de l'embouchure de l'Aude. —
L'embouchure de l'Aude était canalisée à travers l'an-

---

1. DESJARDINS, *Géographie historique et administrative de la
Gaule romaine*, t. I, en note, p. 166 : « Sur le bras qui gagnait la
Touloubre et l'étang de Berre, on reconnaît que les rochers qui
l'encaissent ont été taillés de main d'homme ; à Gros-Majour,
on a trouvé des ruines assez considérables, des anneaux de fer
scellés dans le rocher ; d'autres canaux ont été creusés et taillés
dans le roc, pour conduire, jusqu'au lit qui renfermait la Touloubre, la dérivation susnommée, et alimenter cette voie navigable en empruntant les eaux des lacs, aujourd'hui desséchés,
des bassins de Cabasse, de Combas et de Belval. »

cien lac *Rubrensis* (PLINE, III, 32) ou *Rubræsus* (POMPO-
NIUS MELA, II, 81), aujourd'hui étang de Bages ou de
Sijean. D'après M. Lenthéric, la passe navigable occupait à peu près l'emplacement du Grau actuel de La
Nouvelle, et les travaux antiques auraient laissé des
traces suffisantes pour permettre d'en déterminer la direction : « En remontant à travers l'étang du côté de Narbonne, on peut suivre en différents points et sur plusieurs
centaines de mètres de développement l'ancien canal
dont les murs verticaux, formés de gros blocs rectangu-
laires, appareillés au ciment, ont résisté à toutes les
causes de destruction [1]. »

En outre, une borne monumentale circulaire, de 2 mètres
de diamètre, qui se dressait au milieu de l'étang et n'a disparu qu'en 1870, et un autre pilon ayant la même destination et la même origine ancienne, encore visible sur le
bord même du canal romain, devaient servir à l'amarrage
des bateaux et étaient aussi probablement utilisées comme
balises ou comme amers pour la navigation.

**Canal de jonction du Rhône et de la Saône, à
Lyon.** — L'importance de Lyon comme centre de navigation avait amené l'exécution de quelques travaux destinés à améliorer les conditions dans lesquelles s'exerçait
celle-ci.

Nous avons déjà signalé plus haut le travail exécuté
par Agrippa à Rochetaillée.

Dans la ville même, une jonction artificielle avait
été creusée entre le Rhône et la Saône, permettant aux
bateaux de communiquer d'une rivière à l'autre sans
avoir besoin de doubler l'extrémité de la pointe de l'île
où se trouvait le véritable confluent. Ce canal, creusé à
la hauteur de la place des Terreaux, n'avait pas moins

---

1. LENTHÉRIC, *Les Villes mortes du Golfe de Lyon*, p. 216 et 217.

de deux cents mètres de largeur [1]. Il semble résulter de constatations faites sur plusieurs points de son parcours qu'il était bordé de berges naturelles, sans quai ni maçonnerie. Au fond de ce canal, au point où il coupe la rue de l'Hôtel-de-Ville, on a trouvé un amas considérable d'amphores antiques, et on a supposé qu'un bateau chargé de poteries de ce genre avait sombré là avec sa cargaison [2].

Projet de jonction de la Saône et de la Moselle. — Un texte de Tacite (*Ann.*, l. XIII, 53) nous apprend que, sous le règne de Néron, il avait été question d'un projet de canalisation qui aurait eu pour but, en joignant la Saône et la Moselle, de relier par des voies navigables continues le littoral méditerranéen et la mer du Nord. Il s'agissait là, comme on le voit, non plus de moyens de fortune, destinés à faciliter la navigation d'un estuaire ou à corriger le cours capricieux d'un fleuve, mais d'une œuvre de grande envergure, et qui, bien qu'inspirée surtout par une pensée stratégique, n'aurait pas manqué cependant d'avoir une portée économique considérable. « Depuis longtemps, dit Tacite, on était tranquille en Germanie, grâce à nos généraux qui, depuis l'avilissement du triomphe, espéraient plus d'honneur en maintenant la paix. Paulinus Pompeius et Lucius Vetus commandaient alors l'armée. Ces deux chefs ne voulant pas laisser le soldat oisif, Paulinus fit achever la digue commencée soixante-trois ans auparavant par Drusus, pour contenir le Rhin, et Vetus se pro-

---

1. L'ancien fossé de communication entre le Rhône et la Saône, que l'on voit très nettement dessiné sur un plan de Lyon au xvie siècle, devait occuper le même emplacement. (Lenthéric, *Le Rhône*, t. I, pl. VIII).

2. Lenthéric, *Le Rhône*, t. I, p. 409 et 410. — Allmer et Dissard, *Musée de Lyon. Inscriptions antiques*, t. II, p. 333.

posait de faire un canal pour joindre la Saône et la Moselle (*Mosellam atque Ararim facta inter utrumque fossa conectere parabat*). Nos troupes embarquées sur la Méditerranée, puis sur le Rhône et sur la Saône, auraient été, par ce canal, portées de la Moselle dans le Rhin et, de là, dans l'Océan ; on eût évité l'embarras des marches, et on aurait réuni, par la navigation, les côtes du Nord et celles de l'Occident. Ælius Gracilis, légat de la Belgique, fit avorter ce projet, à force d'alarmer Vetus sur le danger de porter des légions dans une province qui n'était pas la sienne et de paraître briguer l'affection des Gaules, ce dont l'empereur prendrait de l'ombrage, considération qui arrête souvent des entreprises louables. »

« On ne connaît pas exactement, dit M. Léger à propos de ce projet d'ouvrage, les moyens que les Romains comptaient employer pour franchir les lignes de faîte et passer ainsi d'un bassin dans l'autre ; nous sommes réduits sur ce point aux conjectures ; s'ils ne connurent pas les écluses, qui ne furent inventées qu'au xv⁰ siècle, ils surent employer, comme nous l'avons dit, des portes fermant des pertuis pour retenir les eaux et améliorer la navigation, ou des barrages maintenant un niveau déterminé dans un lit tranquille. Ils surent profiter des différences de niveau entre deux rivières voisines pour rejeter les eaux de l'une dans l'autre ou d'un bassin dans l'autre ; par ce double moyen, sans être fixés sur le point de passage et les affluents choisis, nous pouvons penser qu'ils espéraient, à l'aide de grandes tranchées, mettre en communication les deux rivières, et se débarrasser des soucis de l'alimentation en dérivant l'une des rivières dans le canal, naturellement ou en la barrant, et en commandant l'extrémité de la dérivation par un barrage et un pertuis d'entrée dans l'autre rivière, ou même par une série de retenues formant une suite de biefs étagés [1]. »

Canaux de Drusus et de Corbulon. — Enfin, vers l'extrémité septentrionale du monde romain, les légions avaient effectué quelques travaux de canalisation sur le Rhin et la Meuse.

Drusus, père de Germanicus, fit creuser un canal, la *fossa Drusiana* [2], destiné à éviter aux navires la navigation dangereuse du littoral batave, encombré de bancs vaseux qui obstruaient les multiples embouchures des fleuves, ses tributaires, et qui, joignant le Rhin à l'Yssel, permettait de gagner le lac Flevo (Zuyderzée [3]).

Dans une région voisine, Corbulon fit ouvrir par ses soldats un canal de 23 milles, ou 170 stades (environ 32 kilomètres) de longueur, reliant le Rhin à la Meuse [4]. D'après Desjardins, « Cluvier en aurait parfaitement déterminé l'emplacement et la direction, entre l'embouchure du Vieux-Rhin, vers Leyden, et Maasluis, petite ville située sur l'estuaire commun de la Meuse et du Rhin méridional, passant par Delft, Maasland et Maasluis. »

1. LÉGER, *Les Travaux publics, les Mines et la Métallurgie du temps des Romains*, p. 354.

2. «Oceanum septentrionalem primus Romanorum Ducum Drusus navigabit : transque Rhenum fossas novi et immensi operis effecit ; quæ nunc adhuc Drusinæ vocantur. » SUÉTONE, *De Claudio*, I. — « Distributis in legiones ac socios navibus, fossam, cui Drusianæ nomen, ingressus precatusque Drusum patrem, ut se eadem ausum, libens placatusque exemplo ac memoria consiliorum atque operum juvaret, Latus inde et Oceanum usque ad Anisiam flumen, secunda navigatione pervehitur. » (TACITE, *Ann.*, l. II.)

3. DURUY, *Histoire des Romains*, t. IV, p. 112. — LENTHÉRIC, *Le Rhône*, t. II, p. 471.

4. « Ne tamen miles otium indueret, inter Mosam Rhenumque, trium et viginti millium spatio, fossam produxit, qua incerta Oceani evitarentur. » (TACITE, *Ann.*, l. XI, 20.)

Pour M. Léger[1], ce canal aurait probablement emprunté les plaines qui s'étendent vers Düsseldorf et Crefeld, seul point où les deux fleuves se rapprochent à la courte distance de 33 kilomètres indiquée par le texte.

II

Ports fluviaux.

Quais et appontements. — En dehors de la création de voies artificielles ouvertes aux bateaux et de la régularisation du cours des rivières, l'aménagement des voies navigables comporte d'autres travaux destinés à améliorer les conditions d'accostage et de stationnement des bateaux, et à faciliter les opérations de chargement et de déchargement de leurs cargaisons. Il est certain que la plupart des ouvrages de ce genre, construits à l'époque gallo-romaine, ont dû disparaître par suite des modifications apportées dans le lit des rivières par la main des hommes ou par les eaux elles-mêmes ; cependant la rareté des vestiges de très anciens ouvrages en rivière, en des lieux où le trafic et la navigation avaient certainement un développement considérable, nous permet de penser que les ports fluviaux complètement aménagés et munis d'appontements ou de quais ne devaient pas être très nombreux.

Le plus souvent les bateaux accostaient le long du rivage naturel, et c'est sur le sable des grèves ou l'herbe des berges qu'avaient lieu les opérations de chargement et de déchargement. Certains ports, plus importants, ou dont les dispositions naturelles ne se prêtaient pas à tant de simplicité, étaient pourvus de quais en pierres de

1. Léger, *Les Travaux publics, les Mines et la Métallurgie du temps des Romains.*

taille, ou en blocages avec parements en briques ou en pierres de petit appareil, quelquefois précédés de larges emmarchements ou pourvus d'escaliers d'accès. On rencontrait aussi des appontements en bois, consistant en assemblages de pieux, traverses, lisses et longrines. Parfois, les deux systèmes étaient combinés et les maçonneries étaient maintenues ou protégées par des ouvrages en charpente. Nous nous bornons à rappeler les différentes découvertes d'ouvrages de ce genre faites à Vaison, à Lyon, dans la Saône, à Rezé, sur la Loire, à Rouen, à Bordeaux, en renvoyant aux passages de ce travail dans lesquels ces découvertes ont été signalées plus longuement. Les bateaux séjournant le long de ces quais s'amarraient à des pieux ou à des bornes, à des anneaux en fer ou en bronze, ou à des pierres percées de trous, formant modillons pour supporter la bordure des quais [1].

Magasins. — Le long des berges et sur les quais s'alignaient les magasins ou entrepôts, le plus souvent de construction rudimentaire, en torchis couvert de branchages ou de roseaux, comme les premières *Kanabæ* du confluent lyonnais, ou bâtiments plus solides, en maçonnerie ou en bois, avec couverture en tuiles.

Chantiers et arsenaux. — Dans les ports principaux, à côté des magasins et des entrepôts, s'élevaient des *Navalia,* chantiers de constructions navales et réserves d'objets servant à l'armement des bateaux. C'était là aussi qu'on tirait à sec les barques à réparer et celles qui devaient faire dans un port fluvial un séjour prolongé. Vitruve [2] donnait des instructions pour la construction

---

1. La construction des ports est traitée par Vitruve dans son ouvrage *De architectura,* au l. V, ch. XII : *De portibus et structuris in aqua faciendis.*

2. Vitruve, *De architectura,* l. V, XII.

de ces *Navalia*. Il recommandait, entre autres choses, de les tourner vers le septentrion, car l'aspect du midi, à cause de la chaleur, est sujet à engendrer et à entretenir les vers et autres insectes qui carient le bois, et à se garder de les couvrir avec du bois, par crainte du feu.

Phares. — Il est probable que l'approche de certains ports fluviaux était indiquée, la nuit, par des signaux lumineux. Vergnaud-Romagnési indique une tour d'angle de l'enceinte antique d'Orléans, voisine de la Loire, comme ayant porté un fanal destiné à la navigation[1].

Nous avons déjà vu que les tours des Marseillais, à l'entrée du Rhône, devaient porter des feux. Dans la même région, M. Léger (*op. cit.*) donne, d'après Peiresc, sous le nom de « Tour d'Arles », le dessin d'un phare circulaire, composé d'un soubassement de grand appareil, portant un fût cylindrique d'un petit diamètre, terminé par une belle corniche et surmonté d'un élégant lanternon ; de larges baies laissent passer la lumière, et des constructions figurées sur la galerie circulaire ménagée au pied du soubassement devaient représenter les logements des gardiens. Tout cela est théoriquement parfait, mais l'existence de cet ouvrage, dont il n'est, à ma connaissance, question nulle part ailleurs, ou, tout au moins, son attribution, sont singulièrement problématiques, et il ne faut vraisemblablement voir dans le dessin de Peiresc qu'une restauration un peu aventurée de quelques assises d'une vieille tour.

1. VERGNAUD-ROMAGNÉSI, *Histoire de la ville d'Orléans*.

CHAPITRE VI

LE MATÉRIEL DE BATELLERIE FLUVIALE GALLO-ROMAIN

I

Éléments de construction.

Barques monoxyles. — Les premières embarcations qui, aux âges les plus reculés, se hasardèrent sur nos cours d'eau furent, comme dans toutes les contrées où s'établit une navigation, les barques dites *monoxyles*, c'est-à-dire creusées dans une seule pièce de bois [1].

1. Nous connaissons un certain nombre de spécimens de barques de ce genre. M. de Mortillet en citait sept dans ses *Origines de la pêche et de la navigation*. (*Revue archéologique*, 1866, II, p. 278.) M. Déchelette (*Manuel d'archéologie préhistorique*) porte ce nombre à dix-sept, se répartissant ainsi d'après les lieux de trouvailles : une trouvée dans la Seine, à Paris ; une autre dans la Seine, à l'Ile des Cygnes ; une au barrage de Saint-Albin, près de Scey-sur-Saône (Musée de Saint-Germain) ; une dans le canal de la Marne au Rhin (d°) ; huit trouvées, les unes dans le lit de la Saône, à Apremont, les autres dans les cours d'eau de la même région (Boucher, *Découverte d'une pirogue à Apremont. Les pirogues dans la vallée de la Saône supérieure*) ; une dans le lac de Châlain, où existait une cité lacustre (Musée de Lons-le-Saunier) ; trois dans le Cher, à Villeneuve-sur-Cher, Saint-Georges-de-la-Prée et Villefranche-sur-Cher (Musée de Bourges et Musée des Antiquaires du Centre, à Bourges) ; une dans la Bourbince, à Saint-Aubin-en-Charollais (Musée de la Société Éduenne, à Autun). A ces indications, on peut ajouter les suivantes : Une pirogue monoxyle au Musée de

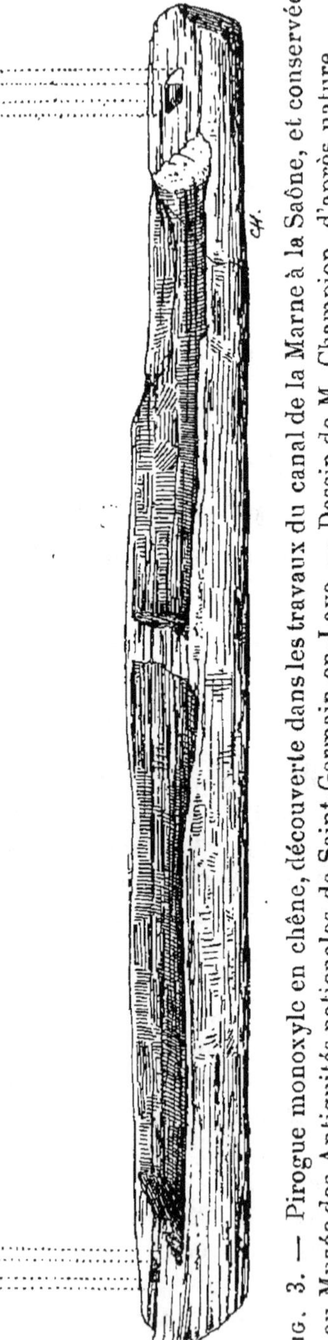

Fig. 3. — Pirogue monoxyle en chêne, découverte dans les travaux du canal de la Marne à la Saône, et conservée au Musée des Antiquités nationales de Saint-Germain-en-Laye. — Dessin de M. Champion, d'après nature.

Destinées tout d'abord à la pêche et au transport des personnes, ces barques, objets d'absolue nécessité dans les stations lacustres, devinrent également les premiers véhicules fluviaux de marchandises, lorsque l'échange de quelques objets entre tribus voisines marqua l'aube des relations commerciales dont nos fleuves allaient être plus tard les puissants auxiliaires (*Fig. 3*).

Saint-Claude ; une trouvée dans le Rhône, près de Cordon (Ain) ; une trouvée en Loire, près de Saint-Mars ; une autre, provenant du même fleuve (Musée de Dijon) ; une découverte près d'Abbeville (DE NADAILLAC, *Mœurs et monuments des peuples préhistoriques*) ; une trouvée à Saint-Valery-sur-Somme (JOLY, *L'homme avant les métaux*) ; une, aujourd'hui tombée en poussière, provenant de la Sèvre-Niortaise, conservée autrefois au Musée de Niort (DE KADORÉ, *En Sèvre*) ; une trouvée dans le lac de Grandlieu (GUICHARD, *Notice sur le lac de Grandlieu. Bulletin de la Société de Géographie*, 1887,

Les embarcations étaient creusées dans des troncs d'arbres, les unes au feu, les autres avec l'outil. Leur forme est toujours assez rudimentaire ; les unes sont terminées carrément aux deux bouts, comme une sorte d'auge longue et étroite ; d'autres sont amenuisées vers les extrémités. Leur mode de propulsion primitif dut être une sorte de pagaie ; les rames apparaissent ensuite et l'on trouve déjà certains dispositifs, trous pour les tolets ou échancrures dans les bordages, destinés à en faciliter le maniement. Une ouverture creusée au fond de la pirogue du lac de Châlain et des saillies déterminant un vide rectangulaire au fond de celle d'Abbeville permettent de songer à l'existence d'un mât, mais ce n'est là qu'une simple conjecture [1].

Pour en terminer avec les particularités de construction de ce genre de bateaux, signalons, dans plusieurs d'entre eux, des saillies, qui ont pu servir de banquettes ou de pièces de consolidation ; dans d'autres, des trous percés dans le fond de la coque, pour permettre de vider l'eau embarquée sans retourner le bateau ; dans d'autres encore, des trous ou anses percés dans les bordages, vers les extrémités, et ayant pu servir soit de passage à des amarres, soit de poignées pour le portage, lorsqu'il fallait sortir de l'eau les pirogues pour fran-

p. 171-183) ; une trouvée dans la Loire-Inférieure, près de Méans (MAÎTRE, *Géographie historique et descriptive de la Loire-Inférieure*, t. I. *Les villes disparues des Namnètes*) ; une autre trouvée au Havre, dans les fouilles du bassin de la Barre, et une autre à Montivilliers (COCHET, *La Seine-Inférieure historique et archéologique*) ; une autre encore trouvée dans les marais de Carentan (*Journal des Savants de Normandie*, 1845).

1. « Il n'est pas démontré que les embarcations néolithiques aient possédé une mâture. On ne voit pas de mâts sur les barques figurées sur les roches sculptées. » (DÉCHELETTE, *Manuel d'Archéologie préhistorique*, p. 367.)

chir un passage impraticable ou les transporter d'un cours d'eau dans un autre [1].

La pirogue monoxyle est certainement, avec le radeau, le type le plus ancien de flotteur. La présence de coques de ce genre dans les stations lacustres et leur association souvent constatée avec des objets de l'époque néolithique, nous permettent de les faire remonter jusqu'à cette période de la préhistoire, mais il ne s'ensuit pas qu'il faille attribuer à toutes les barques monoxyles une aussi haute antiquité. Il est extrêmement difficile, sinon impossible, de leur assigner un âge par elles-mêmes, et on ne réussit guère à les dater que lorsqu'elles sont associées à d'autres objets plus faciles à identifier. D'ailleurs, ce genre de construction navale resta fort longtemps en usage, et les progrès de l'outillage humain ne le firent pas disparaître complètement. Nous savons par Tite-Live que, lors du passage du Rhône par Annibal, les indigènes et les soldats abattaient des arbres et en creusaient les troncs pour façonner de grossières pirogues. Ainsi donc, à cette époque déjà relativement avancée, on retrouvait encore sur la rivière le type primitif que les chasseurs et les pêcheurs néolithiques creusaient au feu ou équarrissaient grossièrement au tranchant de leurs haches polies.

A côté de ce premier essai de construction navale, prit place le bateau construit de plusieurs pièces de bois rapprochées, dont la toue constitue vraisemblablement le type originaire [2]. Puis les progrès de l'esprit humain,

1. TABARIÈS DE GRANDSAIGNES, *Quelques considérations sur les pirogues monoxyles*. *Congrès préhistorique de France*, 1905, p. 450.

2. « La transition de la pirogue (monoxyle) à l'embarcation ne s'est point produite comme un progrès ; elle est due au besoin de substituer à la première, lorsque les éléments de construction de celle-ci manquaient, un flotteur pouvant rendre les mêmes

ainsi que le perfectionnement de l'outillage et de la main-d'œuvre, firent rechercher des formes plus en rapport avec les exigences de la navigation et les divers genres de services qu'on demandait aux embarcations, et c'est ainsi que se constituèrent les différents types de bateaux en usage à l'époque gallo-romaine, dont nous connaissons certains noms, sans être toujours bien fixés sur leurs véritables caractéristiques.

Conditions générales imposées au matériel fluvial: — Les données que nous avons sur l'état des cours d'eau de la Gaule et leur navigabilité nous permettent de déduire les conditions générales que devait remplir dans notre pays le matériel de l'ancienne batellerie fluviale. Nous savons que la navigation s'exerçait sur beaucoup de petites rivières, aujourd'hui complètement abandonnées, ce qui suppose, tout au moins pour ces cours d'eau, un matériel de faible échantillon, monté par un personnel très restreint, et susceptible seulement de porter un assez modeste chargement. Ce service devait être assuré par de simples barques et avoir une grande analogie avec la navigation des petits cours d'eau de France au Moyen Age, lorsque les chargements des bateaux, montés par deux ou trois hommes, se composaient de quelques sacs de blé, de quelques tonneaux de vin, ou de quelques ballots de salaisons, poissons séchés, laines, peaux ou autres marchandises. Peut-être utilisait-on aussi, sur les petites rivières, des bateaux dans le genre de ceux dont parle Tacite, et que

services. Le piroguier ne pouvant trouver l'arbre qui lui était indispensable, eut l'idée de réunir, sous une forme analogue, des pièces de bois, en petit nombre d'abord, qui devinrent peu à peu plus nombreuses et qui finirent par être façonnées pour obtenir les courbures les plus propres à assurer la stabilité et la vitesse. » (DE FOLIN, *Bateaux et navires*, 1892.)

Germanicus avait fait construire pour transporter au pays des Cauchi, entre l'Ems et le Weser, le personnel et le matériel de son armée [1]. Ces bateaux étaient semblables aux deux extrémités, munis à chaque bout d'un gouvernail, et disposés de façon qu'en changeant la position des rames on pût renverser le sens de la marche, sans avoir à virer de bord. Les embarcations de ce genre, comme le fait remarquer Jal [2], pouvaient utilement servir dans les canaux, les cours d'eau étroits, partout, enfin, où les bâtiments à larges poupes et faits pour n'aller que d'un bout n'auraient pu évoluer [3].

Quant aux grandes rivières , nous avons vu qu'elles n'étaient généralement l'objet d'aucuns aménagements spéciaux destinés à améliorer ou à régulariser les conditions de la navigation, et que celle-ci s'exerçait sur les cours d'eau à l'état naturel. Les rivières, même les plus régulières, comportaient nécessairement des différences de profondeur, des hauts fonds et des seuils recouverts de peu d'eau à l'étiage, des graviers plus ou moins étendus et des roches de fond, qui obligeaient les bateliers à n'employer que des barques ayant peu d'enfoncement dans l'eau. Il n'aurait donc pas fallu chercher en Gaule un matériel comparable à nos péniches fluviales actuelles, naviguant avec une forte calaison sur des canaux ou des rivières dans lesquelles les barrages et les écluses maintiennent une profondeur d'eau

1. Tacite, *Annales*, l. II : « Plures, appositis utrimque gubernaculis, converso ut repentè remigio hinc et illinc adpellerent. »

2. Jal, *Archéologie navale*, t. I, p. 125, en note.

3. Pline, dans son *Histoire naturelle*, l. VI, 24, parle de barques semblables dont se servaient les habitants de la Taprobane, pour circuler dans les canaux étroits entre cette île et l'Inde. Ces barques avaient une proue à l'avant et une à l'arrière, afin de ne pas être obligées de virer de bord.

constante. La batellerie fluviale devait utiliser, pour le transport des marchandises, de vastes barques, pontées ou non, à fond plat ou arrondi, de peu de tirant d'eau et d'une largeur assez limitée.

Les barques étaient construites en matériaux de fort échantillon, car les lits des rivières étaient fertiles en surprises dangereuses pour les coques, qui pratiquaient, en outre, l'échouage sur les berges des rivières, ainsi qu'on était accoutumé de le faire, pendant toute l'antiquité, sur les plages et dans les anses pour la navigation maritime.

Les indications générales de structure qui précèdent ne s'entendent que des barques destinées à naviguer sur des rivières ayant un régime à peu près régulier et une certaine profondeur. Sur les étangs et les marais, ainsi que sur les cours d'eau qui ne permettaient presque aucun enfoncement, on employait les radeaux construits en troncs d'arbres ou en poutres, recouverts de planches ou de lits de branches d'arbres, ou des embarcations composées de planchers supportés par des outres gonflées d'air.

Enfin, les rivières à régime torrentiel, successions de hauts-fonds et de rapides, susceptibles seulement d'une navigation en descente, recevaient, elles aussi, des radeaux, ou bien, comme on le pratique encore sur quelques-unes de nos rivières à rapides, des bateaux grossièrement construits, calfatés avec des herbes ou de la mousse, destinés à ne faire qu'un voyage, et qui, arrivés à destination, étaient déchirés et mis en pièces.

Barques de voyageurs. — Nous manquons de renseignements précis sur la manière dont étaient disposées les barques fluviales destinées au transport des voyageurs. Il semble, d'après la lettre de Sidoine Apollinaire citée plus haut, que les bateaux des particuliers étaient aménagés avec un certain luxe, et qu'on y réunissait tous les raffinements qui pouvaient en rendre le séjour aussi confortable que possible et faire oublier la longueur des traversées.

Quant aux barques à voyageurs affectées aux transports en commun, elles ne devaient pas briller par un luxe d'aménagements excessif. Je me les représente volontiers comme assez semblables aux *sentines* et aux *cabanes* d'autrefois, bateaux plats, à marche lente, dans lesquels les passagers, « empilés comme rats en paille », couchés sur le plancher ou assis sur des bancs grossiers, n'étaient protégés de la pluie et du soleil que par des claies de branchages, ou par quelques lambeaux de toiles supportés par des cercles de bois.

Les voyageurs pressés, les courriers chargés de porter des nouvelles, les fonctionnaires ou les officiers qui regagnaient en hâte leurs postes ou leurs troupes, avaient à leur disposition des bateaux rapides, établis pour la course, qu'on nommait *fugaces* ou *cursoriæ* [1] et que Bergier appelait les chevaux de poste sur les eaux [2].

II
Modes de propulsion.

La rame. — Les barques qui sillonnaient les rivières petites ou grandes utilisaient divers modes de propulsion.

Le plus généralement employé était la rame, manœuvrée par des rameurs qui, tantôt actionnaient une

---

1. « Ticini cursoriam, sic navigio nomen, ascendi, qua in Eridanum brevi dilatus sum. » (SIDOINE APOLLINAIRE, l. I, ep. 5.)

2. BERGIER, *Histoire des grands chemins de l'Empire romain*, t. II, p. 796.

rame de chaque main, tantôt, assis par deux, côte à côte, maniaient chacun une rame qu'ils tenaient à deux mains. A la poupe, le patron de la barque marquait,

avec un bâton qu'il agitait en mesure, la cadence de la nage, réglée également par le *celeusma*, chant repris en chœur par les rameurs et destiné à rythmer leurs efforts ainsi qu'à animer leur ardeur. Sur les bateaux à nombreux équipage, on employait un maillet en bois, le *portisculus*, avec lequel le maître de manœuvre, *pausarius*, frappait sur le bordage pour régler le mouvement des rames.

Sur certaines rivières, on semble avoir employé des rames libres, non plus rangées en ordre régulier sur les côtés des barques, mais pouvant agir d'un côté ou de l'autre au besoin, dispositif que Jal compare à celui des avirons des gondoles vénitiennes.

Fig. 4. — Bateau à pagaie. — Bas-relief antique. Moulage au Musée des Antiquités nationales de Saint-Germain-en-Laye.

Enfin, certaines petites nacelles destinées soit au service du bord de grandes embarcations, soit au passage des petits cours d'eau, étaient mues à l'aide d'un aviron unique, à manche court, sans point d'appui sur le bordage, tout à fait semblable à la pagaie des pirogues canadiennes (*Fig.* 4).

Le halage. — Les barques fluviales utilisaient beaucoup aussi le halage, par des équipes de chevaux, de mules ou de bœufs, ou par des animaux isolés, ou même par des hommes, ces *curvi helciarii* dont parle Sidoine Apollinaire, dans un passage célèbre, où il est question d'une église située près de la Saône et d'où l'on entend tous les bruits qui montent de la route et de la rivière [1], et qu'Ausone nous montre, attachés sans relâche à la remorque et courbés en avant par l'effort de la traction, tirant à leur cou les câbles qui les rattachent au mât de la barque [2].

Pour ce mode de traction, nous avons mieux que des descriptions, si précises ou si poétiques qu'elles puissent être. Tout récemment, au cours de l'année 1911, on a découvert dans le département de Vaucluse, à Cabrières-d'Aygues, un bas-relief d'une admirable conservation, provenant très probablement du monument funéraire d'un armateur fluvial de la région, qui nous représente une scène de halage du plus haut intérêt, véritable illustration du texte d'Ausone.

La scène représente un bateau chargé de deux tonneaux et dirigé à l'aide d'un aviron de queue par un homme

---

1.   « Hinc agger sonat, hinc Arar resultat,
    Hinc sese pedes atque eques reflectit,
    Stridentum et moderator essedorum ;
    Curvorum hinc chorus helciariorum,
    Responsantibus alleluia ripis,
    Ad Christum levat amnicum celeusma. »
                (SIDOINE APOLLINAIRE. *Epist. C*, à *Hesperius*.)
2.   Et quum per ripas nunquam cessante remulco
    Intendunt collo malorum vincula nautæ.
                (AUSONE, *Edyllia X, Mosella*.)

assis à l'arrière. D'un mâtereau placé à l'avant partent trois cordages, qui relient à la barque trois haleurs, dont le premier a disparu. Les deux personnages qui subsistent tirent sur le câble passé au sommet de leur poitrine, et marchent, légèrement courbés et appuyés sur un bâton.

Un bateau halé figure également sur le monument funéraire des Secundini, à Igel, près de Trèves. Les haleurs, qui s'aident aussi du bâton, sont au nombre de deux. La barque ne possède pas de mâtereau et le câble de traction, qu'on ne distingue pas sur la sculpture, devait s'amarrer directement sur l'avant (*Fig.* 5).

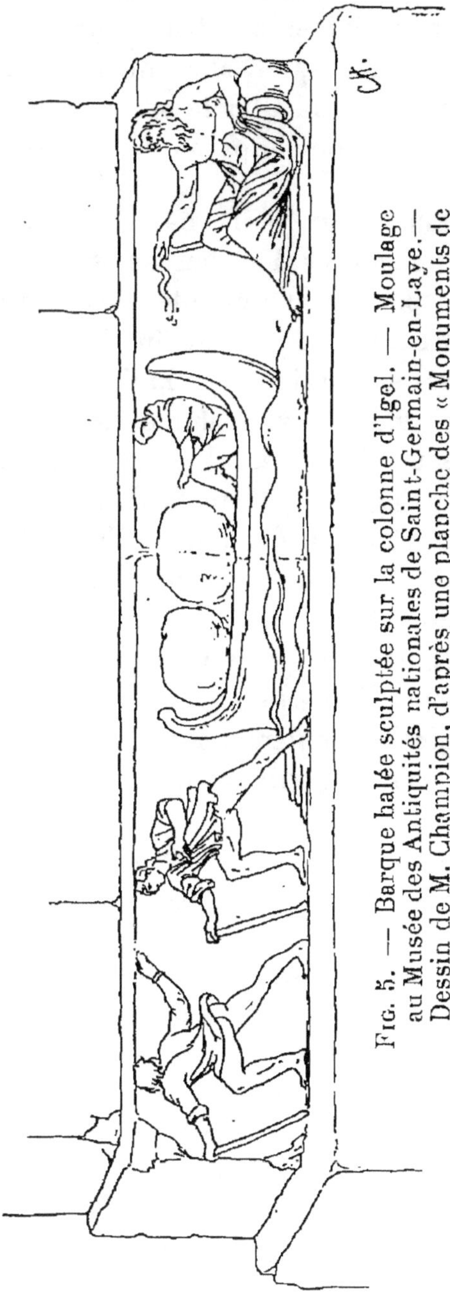

On peut rapprocher cette représentation d'un bas-relief représentant différentes scènes de la vie fluviale,

Fig. 5. — Barque halée sculptée sur la colonne d'Igel. — Moulage au Musée des Antiquités nationales de Saint-Germain-en-Laye. — Dessin de M. Champion, d'après une planche des « Monuments de la France classés chronologiquement », par le Cte A. de Laborde.

sculpté sur la partie arrière du socle de la statue du Tibre, au Musée du Louvre. Nous voyons là aussi un bateau, évidemment une barque du Tibre, remorqué par trois haleurs, et, sur l'un des trois personnages, la disposition de la bricole en travers de la poitrine est particulièrement apparente.

La voile. — La navigation à voile se pratiquait aux embouchures des fleuves et sur leur cours, aussi haut que pouvaient remonter les barques marines. Ammien Marcellin, en parlant du Rhône, nous dit que ce fleuve, après sa réunion avec la Saône, pouvait recevoir les plus gros vaisseaux, même ceux qui ne naviguent ordinairement qu'à voiles. Une navigation semblable se pratiquait également sur la Garonne. On avait même recours à la voile sur des cours d'eau de moindre importance. Il est probable, toutefois, que les barques à voiles qui fréquentaient les petites rivières ne portaient qu'un gréement très réduit, vraisemblablement analogue à la voilure de certains chalands ou péniches de nos jours, utilisable seulement par vent arrière et destiné surtout à servir d'auxiliaire à d'autres modes de propulsion.

La perche. — Enfin, les embarcations des utriculaires, les radeaux, les bateaux destinés à être détruits à la fin de leur voyage, tout ce qui naviguait sur les étangs sans profondeur ou sur les rivières à régime torrentiel, ne comportaient, le plus souvent, d'autre mode de propulsion que le *contus*, la perche à extrémité ferrée, destinée à pousser de fond, à sonder et à écarter la barque des écueils et autres obstacles. C'est la navigation à la perche, encore usitée de nos jours sur certaines rivières à régime torrentiel, comme l'Ardèche, le Tarn et la Dordogne, dans la partie haute de leur cours.

FIG. 6. — Barque sculptée sur le monument funéraire du Naute Blussus. — Original au Musée de Mayence. Moulage au Musée des Antiquités nationales de Saint-Germain-en-Laye.

III

Les types de bateaux fluviaux d'après les
monuments figurés.

Bas-reliefs. — Les renseignements que les monuments figurés de notre pays peuvent nous offrir relativement à la batellerie fluviale sont très limités. Ce n'est pas que la sculpture gallo-romaine, si complètement étudiée par M. Espérandieu dans son *Recueil général des bas-reliefs de la Gaule romaine*, ne nous fournisse de nombreuses représentations de bateaux ; mais il en est extrêmement peu qui possèdent un caractère distinctif ou qui fassent partie d'ensembles scéniques permettant de les rapporter d'une façon absolument certaine à la navigation fluviale. Je ne m'arrêterai qu'à trois monuments : la stèle funéraire du batelier Blussus, trouvée dans la région du Rhin, à Weisenau, et conservée au Musée de Mayence, sur laquelle est sculpté un bateau qui est bien certainement un de ceux qui naviguaient sur le Rhin ou les autres rivières de la région (*Fig.* 6) ; le bas-relief d'Igel, dont nous avons parlé tout à l'heure à propos du halage, et que l'on peut rapporter très vraisemblablement à la navigation de la Moselle, et le bas-relief funéraire de Cabrières-d'Aygues, représentant, lui aussi, un bateau halé par des hommes, ce qui indique de la façon la plus certaine une embarcation fluviale.

Dans le bas-relief rhénan, le bateau est à fond plat, l'avant légèrement carré, l'arrière fortement relevé. Le pilote gouverne à l'aide d'un aviron de queue et tient à la main le bâton avec lequel il donne la cadence de la nage à deux rameurs. Un autre personnage, tourné vers l'avant, tient un aviron à deux mains et semble inspecter l'horizon. Un mâtereau planté vers l'avant servait probablement de point d'attache pour le câble lorsque le bâtiment était halé.

Le bateau d'Igel est dé forme assez allongée, avec avant fortement incurvé vers l'intérieur et terminé par une légère volute. La forme du plat bord semble bien indiquer une barque à fond plat. Deux énormes ballots sont placés sur le pont, et un personnage assis à l'arrière paraît diriger la manœuvre.

La barque de Cabrières-d'Aygues est de forme arrondie, avec proue et poupe très relevées et incurvées, et tonture très accentuée. Comme nous l'avons dit plus haut, elle est tirée par des haleurs attelés à un mâtereau d'avant et dirigée par un personnage assis à l'arrière, tenant un aviron de queue.

Barques votives. — Nous pouvons également rapporter à la navigation fluviale les deux barques votives en bronze dont nous avons parlé précédemment, au chapitre consacré au culte des rivières. Ces deux embarcations semblent assez dissemblables.

Les formes de la barque de Dijon ont beaucoup d'analogie avec celles du bateau de Cabrières-d'Aygues : elles sont très arrondies et très tonturées ; le bastingage est peu apparent [1].

Dans le bateau de Lyon, d'après la description qu'en a donnée M. Héron de Villefosse, l'arrière est muni d'un bastingage formant galerie, le long duquel court à l'extérieur un rinceau en relief exécuté avec élégance ; cette

1. La même forme arrondie, avec extrémités en volutes, se retrouve dans une barque sculptée sur un bas-relief, d'exécution assez grossière, provenant de la station de Carnuntum, sur le Danube, et qui appartenait à une stèle funéraire élevée par *Marcus Antonius Basilides, frumentarius de la Legio X Gemina pia fidelis.* Cette barque, à rames, montée par trois bateliers, portait le nom de *Félix Itala,* que l'on voit gravé sur son flanc, et servait probablement au transport du blé sur le Danube, entre Vindobona (Vienne), où était cantonnée la Xe légion et le castellum de Carnuntum.

galerie fait saillie à droite et à gauche de la poupe et se termine de ce côté par une partie ronde, saillante, accostée de deux volutes ; l'autre extrémité de la galerie, qui s'avance vers le milieu du bateau, est amortie légèrement par une volute un peu plus petite et légèrement repliée en dehors. La poupe est entièrement plate. La proue est trop endommagée pour qu'on puisse en tirer des indications de forme précises.

D'après ces quelques données, nous pouvons conclure à l'existence sur nos rivières de deux types de batellerie fluviale à l'époque gallo-romaine : bateaux à formes arrondies, avec avant et arrière dessinés en lignes courbes, et bateaux à fond plat, coupés plus carrément aux extrémités. Les conditions de navigabilité, qui n'étaient pas partout les mêmes, devaient imposer le choix de l'un ou l'autre de ces types, susceptibles eux-mêmes de modifications, par exemple dans le pontage, les bastingages, etc., d'après des besoins commerciaux particuliers ou des nécessités locales de navigation.

En dehors de la Gaule, certaines peintures de Pompéi, ainsi que les bas-reliefs de la Colonne Trajane, où les épisodes nautiques sur le Danube se rencontrent en grand nombre, peuvent fournir des renseignements utiles. Sur ce dernier monument, nous voyons, à côté des birèmes destinées aux actions militaires, des bateaux supportant des ponts, des barques chargées de fourrages et de tonneaux, d'autres encore où sont embarqués des chevaux.

Le bas-relief sculpté sur le socle de la statue du Tibre dont nous parlions tout à l'heure, est également très intéressant à consulter. Outre la barque halée que nous venons de décrire, deux autres embarcations figurent sur ce marbre : l'une d'elles est en marche, poussée à la perche ; l'autre, amarrée au rivage, est en chargement. Des portefaix, pliés sous des fardeaux, s'avancent sur la berge, tandis que des mariniers semblent installer dans la barque les objets déjà embarqués. En dehors des indications que ces sculptures peuvent nous donner sur la structure des barques du Tibre, tout cet ensemble est un véritable commentaire illustré de la vie des bateliers fluviaux dans l'antiquité.

Mosaïque d'Althiburus. — Ce qui rendait particulièrement difficile l'identification des bateaux dont nous connaissons les noms avec les quelques représentations figurées que nous possédons, c'est que, nulle part, le nom ne se rencontrait à côté de la figure. Cette lacune a été comblée dans une certaine mesure par la découverte récente, dans les ruines d'Althiburus (Henchir Medeïna), sur les hauts plateaux de la Tunisie centrale, d'une mosaïque, vaste composition décorative à sujets marins, d'un intérêt capital au point de vue de l'étude de la marine antique. Le fond représente une nappe d'eau, à deux des extrémités de laquelle sont représentées deux figures mythologiques, une tête d'océan et un fleuve, destinées sans doute à indiquer au spectateur que le tableau concerne à la fois les deux genres de navigation, maritime et fluviale. Le fleuve est figuré par un vieillard hirsute, à demi couché au bord de la mer, dans les roseaux d'un marécage. Sur la nappe d'eau évoluent une trentaine d'embarcations, toutes différentes, avec le nom de chacune d'elles inscrit au-dessous ou sur la coque. Il n'y a pas de vaisseaux de guerre, mais seulement des bateaux de commerce ou de transport, à voiles et à rames. D'après Gauckler [1], cette mosaïque daterait du IIe siècle, et tous ses éléments, texte et figures, dériveraient de quelque glossaire ou manuel nautique

1. Gauckler, *Un catalogue figuré de la batellerie gréco-romaine. La mosaïque d'Althiburus*, 1905.

illustré, du 1er siècle de notre ère. Bien que ce monument soit tout à fait étranger à notre pays, nous ne pouvons pas le passer sous silence, car, ainsi que nous le verrons tout à l'heure, plusieurs des bateaux représentés figurent parmi ceux qui étaient en usage dans la Gaule, et deux d'entre eux paraissent même être d'origine essentiellement gauloise.

Ajoutons enfin, comme remarque générale, que toutes les représentations dont nous venons de parler sont traitées d'une façon presque schématique sans proportions entre les diverses parties des embarcations, pas plus qu'entre celles-ci et leurs équipages ; aussi leur étude ne peut guère nous apprendre, au point de vue de la construction navale, autre chose que certains détails de gréement et quelques indications sommaires sur les formes générales des embarcations.

IV

Dénominations diverses des embarcations fluviales en usage en Gaule.

Il nous reste maintenant, pour en terminer avec la batellerie gallo-romaine, à passer en revue les dénominations diverses sous lesquelles les embarcations fluviales sont désignées dans les textes des auteurs, et à rechercher à quels genres particuliers de bateaux ces dénominations devaient s'appliquer.

Navis. — Le terme que nous rencontrons le plus fréquemment est celui de *Navis*. Il résulte des circonstances dans lesquelles ce mot est employé que les *naves* étaient les embarcations d'une certaine taille, qui pouvaient servir au transport des personnes aussi bien qu'à celui des choses. Cette dénomination constitue d'ailleurs un terme générique, non point spécialisé à un type particulier de construction, mais s'appliquant, au contraire, à des bateaux de formes et de tailles différentes.

Navicula. — Il en est de même des *navicula*, terme général qui s'appliquait à toutes les nacelles de faibles dimensions. C'est dans une petite barque de ce genre, qu'il avait trouvée amarrée près de la rive, qu'Arioviste, après sa défaite, put traverser le Rhin et se soustraire à la poursuite des soldats de César [1]. Le mot *navigium*, expression encore plus générale, embrassant tous les bâtiments, à rames aussi bien qu'à voiles, est aussi quelquefois employé. Ainsi, Ammien Marcellin parle de Julien employant sur le Rhin des petites barques rapides : *navigiis modicis et velocibus*.

Linter. — Les *lintres* (sing. *linter*), dont nous voyons le nom revenir fréquemment dans les textes, étaient des des bateaux à l'aviron, à fond arrondi, sans pontage et sans quille, destinés spécialement au transport des hommes et des choses sur les étangs et les eaux peu profondes. La forme de leurs fonds et l'absence de quille en faisaient des instruments de navigation particulièrement volages et susceptibles de chavirer facilement.

Lembus. — Les *lembi*, qu'Ausone nous montre se livrant à de véritables joutes sur la Moselle [2], étaient de petites barques à rames, à avant pointu, qui servaient au transport des personnes, courriers, pêcheurs, etc.

---

1. César, *De bello gallico*, I, 53.
2. Hæc quoque quam dulces celebrant spectacula pompas,
   Remipedes medio certant quum flumine lembi,
   Et varios ineunt flexus.
   (Ausone, Edyllia X, Mosella.)

Scapha. — Le *scapha* était un bateau assez large de corps, d'avant assez pointu, avec un arrière plat et bas. Il pouvait servir quelquefois au transport des personnes ; c'est ainsi qu'on le voit représenté sous les bas-reliefs de la Colonne Trajane, mettant en communication les rives d'un fleuve. Mais il semble le plus souvent indiqué comme chaloupe embarquée à bord de gros bâtiments, pour établir leur communication avec la terre, ou comme allège, destinée aux services de transbordement.

Ponto. — Le *ponto* était une embarcation particulièrement intéressante pour nous parce qu'elle était d'origine essentiellement gauloise : « *Pontones, quod est genus navium gallicarum* », dit César [1]. Dans la mosaïque d'Althiburus, ce nom désigne un navire à voile de fort tonnage, à avant et arrière très relevés, bordé d'une préceinte et gréé d'un grand mât et d'un mât de misaine (*Fig.* 7). Il semble que, par la suite, ce nom fut appliqué à des barques beaucoup plus simples, de forme rectangulaire, à bordages obliques et fond plat, manœuvrées à la rame [2], qu'on employait comme chalands sur les rivières, et qu'on utilisait pour le service des bacs et des passages d'eau [3].

Acatium. — Nous voyons le nom d'*acatium* attribué à des bateaux voiliers ou à rames, de gréement et de structure tout à fait différents. Ces différences étaient telles qu'il est permis de supposer que ce mot était une expression générique plutôt qu'une dénomination s'appliquant à une embarcation d'une espèce particulière.

---

1. César, *De bello civili*, III, 209.
2. Isidore de Séville, *Orig.*, XIX, 1, 24.
3. Paul, *Pandectes*, VIII, 3, 38.

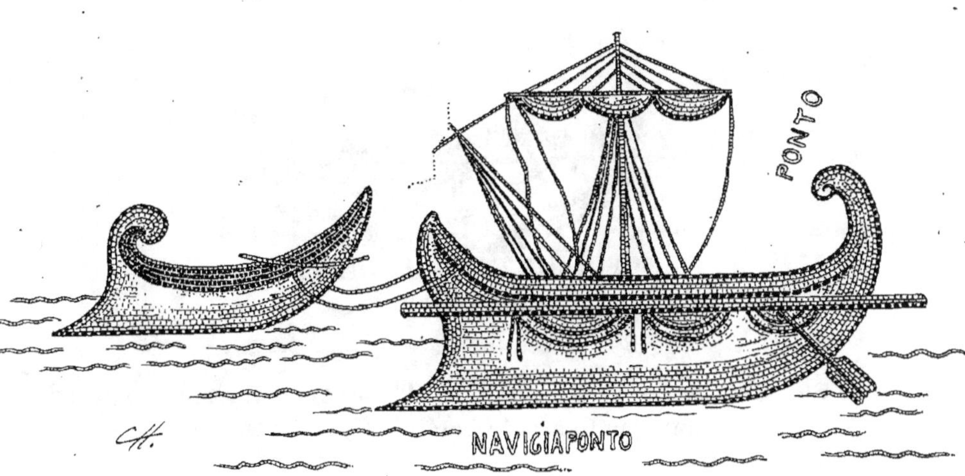

Fig. 7. — Ponto. Dessin de M. Champion, d'après une figure du Catalogue figuré de batellerie gréco-romaine, de Gauckler. Tome XII des Monuments Piot. Leroux, éditeur.

Phaselus. — Le *phaselus* « doit son nom à la forme caractéristique de sa coque, longue, effilée, pointue à un bout et recourbée à l'autre comme une cosse de haricot, φασηλος » [1]. Cette dénomination était commune à deux espèces de bateaux : des navires de transport, à rames et à voiles, employés pour le service des passagers et des troupes, et de simples canots à rames, légers et rapides, construits en matériaux fragiles, comme de l'osier ou des tubes en terre cuite. Il est probable que ce sont

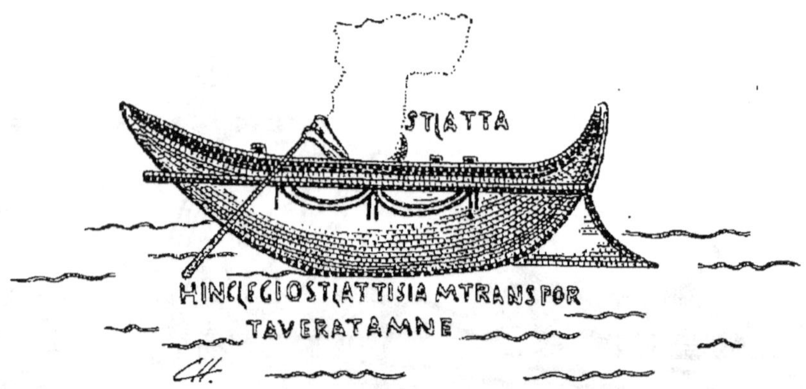

Fig. 8. — Stlatta. Dessin de M. Champion, d'après une figure du Catalogue figuré de batellerie gréco-romaine.

les bateaux de cette deuxième classe qu'on voyait mirer dans les eaux de nos rivières leur avant peint de couleurs éclatantes [2].

Stlata. — Le *stlata* ou *stlatta* était un bateau dont le nom latin est souvent traduit par « *brigantin* », ce qui implique l'idée d'un navire à voiles à deux mâts. Ce genre de bateau avait une grande largeur de bau et était

1. Gauckler, *Dictionnaire des Antiquités grecques et romaines de Daremberg et Saglio*, vᵒ *Phaselus*.
2. Ausone, *Mosella* : Picti rostra phaseli.

très peu élevé au-dessus de l'eau : *genus navigii latum magis quam altum*, dit Festus. Ce nom existe sur la mosaïque, mais il accompagne un bâtiment à rames, à coque très massive, avec proue allongée en pointe et arrière bas (*Fig.* 8). Un rameur y est figuré, maniant à deux mains un seul aviron. Ce sont probablement des barques à rames de ce genre qui figuraient, sous le nom de *stlatæ*, dans la flottille de ravitaillement du Tarn, car on se représente difficilement une navigation à voile sur cette rivière.

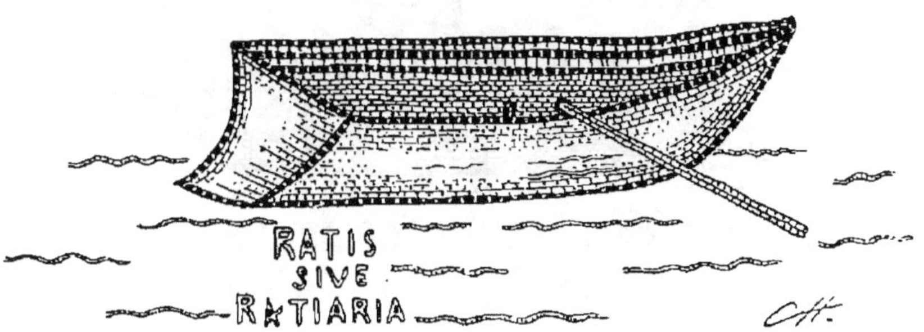

Fig. 9. — Ratis. Dessin de M. Champion, d'après une figure du Catalogue figuré de batellerie gréco-romaine.

Ratis. — Le mot *ratis* désignait certainement les radeaux ; mais, toujours d'après notre guide figuré, ce terme s'appliquait aussi à un bateau à rames plat et large, sans pontage (*Fig.* 9) [1]. « C'est, dit Gauckler, une sorte de chaland ou de ponton, le plus rudimentaire de tous ceux figurés sur la mosaïque. » Ces barques pouvaient servir aux transports de toute espèce, et elles

---

1. Des barques de ce genre pouvaient être groupées et former de véritables escadres, car nous trouvons dans la *Notitia dignitatum* pour l'Orient, à propos de la flotte du Danube, un *Præfectus Classis Ratiariensis*.

étaient également employées pour le service des bacs et
des passages d'eau.

Vegeïa ou Vegella. — Enfin, la mosaïque est seule
à nous faire connaître une embarcation qui portait le nom
de *Vegeia* ou *Vegella* (*Fig.* 10). Peut-être ce nom, qu'on
ne rencontre nulle part ailleurs, figure-t-il avec une certaine déformation parmi ceux qui sont réunis dans la
liste d'Aulu-Gelle [1]. Voici les caractéristiques de ce

Fig. 10. — Vegeïa. Dessin de M. Champion, d'après une figure du
Catalogue figuré de batellerie gréco-romaine.

genre de bateau, telles que nous les donne Gauckler :
Bateau à rames, proue relevée en pointe ; arrière relevé
également avec quille saillante et poupe recourbée en
volute ; coque allongée, renforcée d'une préceinte débor-
dante aux deux bouts ; câbles accrochés au bordage ;
boucles interchangeables pour trois paires de rames ; un
rameur assis, maniant deux avirons. D'après la place
qu'elle occupe sur la mosaïque, à proximité du fleuve,

____

1. Cette liste figure dans un chapitre des *Nuits attiques*, l. X,
ch. XXV, intitulé : « Telorum et jaculorum gladiorumque vocabula,
atque inibi navium quoque genera quæ scripta in veterum libris
reperiuntur. »

la *Vegeïa* aurait servi surtout à la navigation fluviale. Elle doit d'autant plus attirer notre attention que, dans une glose citée par Bücheler et rapportée par Gauckler, ce type est désigné comme un genre de bateau fluvial usité chez les Gaulois : *genus fluvialium navium apud Gallos*.

V

Les chantiers de constructions navales.

La grande prospérité de la batellerie fluviale en Gaule avait eu nécessairement pour conséquence le développement de la construction navale. Cet art était déjà pratiqué sur nombre de points avant la conquête romaine. La facilité et la rapidité avec lesquelles César arriva, à différentes reprises, à mettre sur pied de véritables flottes, prouvent qu'il existait dès ce moment dans notre pays un outillage et un personnel suffisants pour mener à bien des entreprises considérables de cette nature. On pouvait alors mettre en chantier et construire avec célérité des navires, même appelés à naviguer sur mer, à Arles, sur le Rhône, à Meaux, sur la Marne, à l'embouchure de la Seine et sur le cours inférieur de la Loire.

Les bateaux destinés à la navigation fluviale étaient construits dans les *navalia*, ou sur les berges mêmes des fleuves et des rivières. Il est probable, d'ailleurs, que le mode de construction très rudimentaire de la plupart des types d'embarcations d'alors permettait de l'entreprendre un peu partout, dès que l'on trouvait des bois de qualité suffisante, sans avoir besoin d'installations spéciales, ni d'une main-d'œuvre particulièrement exercée.

Les ouvriers employés à ces travaux étaient les charpentiers de bateaux de rivières, qui formaient une corporation distincte des charpentiers de navires marins. L'édit de Dioclétien, de 301, destiné à imposer une limite à la hausse des prix et à déterminer le taux des salaires, fixe à 50 deniers, soit 1 fr. 12 environ, le salaire des premiers, tandis que les seconds recevaient 60 deniers, 1 fr. 35 [1].

Ces ouvriers travaillaient sous la direction des architectes navals, dont l'existence nous est révélée, à Arles, par une inscription trouvée dans le faubourg de Trinquetaille, sur la rive droite du Rhône, inscription dans laquelle il est question d'un *architectus navalis*.

Les types de bateaux construits sur les rivières étaient nécessairement, comme nous l'avons déjà dit, en rapport avec les conditions spéciales de la navigation dans les régions où ceux-ci étaient appelés à circuler ; mais il exista peut-être, pour certaines classes de bateaux tout au moins, des prescriptions particulières qui s'imposaient impérieusement aux constructeurs. Nous savons que les Naviculaires marins étaient tenus de faire construire leurs vaisseaux d'après certains types[2] ; le tonnage également était déterminé et ne pouvait être inférieur à 10.000 *modii*, moins de 100 tonneaux. Si l'on admet que les Nautes remplissaient parfois sur les rivières des fonctions analogues à celles des Naviculaires sur la mer, et participaient à quelques-uns de leurs privilèges, de même qu'ils étaient tenus d'obligations analogues, il n'est peut-être pas téméraire de supposer que la construction de certains de leurs bateaux était soumise à des prescriptions du même genre.

1. Des salaires des ouvriers. — De mercedibus operariorum.

Salaire journalier d'un charpentier en navires maritimes, comme ci-dessus (nourri) 60 d. — Naupego in nabi maritima, ut supra diurni.

Salaire journalier d'un charpentier en navires fluviaux, comme ci-dessus 50 d. — In nabi amnica, ut supra diurni.

2. « Provideatur, ut naves singuli quique naviculariæ obnoxii functioni ad necessarium et constitutum modum exædificare cogantur, ut onera debita et justa suscipiant. » (*Cod. Theod.*, XIII, V, 28.)

CHAPITRE VII
LE PERSONNEL DE LA BATELLERIE FLUVIALE GALLO-ROMAINE

Les Collegia. — Le grand mouvement de commerce et de transports par eau, qui embrassait toute la Gaule, exigeait un personnel considérable, et avait donné naissance à toute une population qui vivait sur la rivière ou de la rivière : armateurs, patrons de barques, bateliers, mariniers, passeurs, haleurs, conducteurs de bêtes de halage, charpentiers de bateaux, débardeurs, portefaix, ouvriers des ports, etc., répartis, pour la plupart, dans des *collegia*, ces associations si répandues dans l'empire romain, et qui groupaient, notamment, les personnes exerçant une même profession. Nous rappellerons brièvement les grandes lignes de l'organisation de ces collèges, afin de permettre à nos lecteurs de se rendre compte d'une façon plus précise de certaines mentions que nous allons rencontrer dans les inscriptions relatives à notre population fluviale gallo-romaine [1].

Ces associations, qui répondaient à divers buts : assistance mutuelle, culte religieux, réunions de plaisirs, etc., étaient surtout des associations professionnelles. Elles apparaissent dès les temps les plus anciens de Rome et jouissaient alors d'une liberté absolue, à laquelle succéda, au contraire, un régime des plus sévères. Au droit

---

1. Voir surtout sur cette matière : WALTZING, *Étude historique sur les corporations professionnelles chez les Romains*, 1896.

d'association sans entraves avait succédé la nécessité d'une autorisation qu'il n'était pas toujours facile d'obtenir. A partir du règne d'Hadrien, le régime s'adoucit sensiblement, et Alexandre Sévère organisa lui-même tous les métiers en corporations. Les membres de ces collèges exerçaient librement leur métier, à l'exception de ceux qui faisaient partie de corporations ayant pour objet des services publics, et qui étaient enchaînés, eux et leurs descendants, à leurs professions, dont ils ne pouvaient sortir sans s'exposer à de sévères pénalités.

L'administration de la corporation était confiée à une hiérarchie de fonctionnaires, ayant une grande analogie avec ceux qui dirigeaient les destinées des cités. En tête se trouvait le président, *Magister* (Inscr. n⁰ˢ 61, 63), généralement élu pour un an et rééligible. Lorsqu'il était réélu plusieurs fois successivement, il était dit *Magister iterum, ter, quater,* etc. Dans certains collèges, le *Magister* était élu pour cinq ans et prenait le titre de *Quinquennalis* (Inscr. n⁰ 45).

Ensuite venaient les *Curatores* (Inscr. n⁰ˢ 17, 30, 36, 40, 45, 48, 54, 67, 76), en nombre variable suivant les collèges, spécialement préposés à la gestion financière et à l'administration des biens appartenant à la corporation. A eux aussi revenait le soin de surveiller l'exécution des décisions, *decreta*, prises par l'association.

A côté des curateurs, et probablement sous leur surveillance, le *Quæstor* remplissait les fonctions de trésorier.

Ces magistratures collégiales formaient une carrière, *cursus honorum*, et ceux qui l'avaient parcourue tout entière s'intitulaient, comme dans les magistratures des cités : *omnibus honoribus functi* (Inscr. n⁰ˢ 38, 53, 55).

Au-dessous de ces dignitaires, nous trouvons des employés subalternes, parmi lesquels un *tabularius* (Inscr. n⁰ 33), secrétaire chargé des écritures, et un *appa-*

ritor (Inscr. n° 77), sorte d'huissier chargé de fonctions d'ordre inférieur.

Quelques rares collèges, celui des *fabri navales* entre autres, avaient à leur tête un *Præfectus* (Inscr. n° 38), fonctionnaire d'ordre administratif et militaire, dont la présence permet de supposer que ces collèges, répondant à des besoins de sécurité publique, avaient une organisation rappelant par certains côtés l'organisation militaire et pouvaient, en cas de besoin, être appelés à servir à côté des troupes.

En dehors de leurs fonctionnaires ainsi hiérarchisés, les collèges faisaient choix de *Patrons*, protecteurs et défenseurs des intérêts de la corporation, mais restant étrangers à son administration. Quelquefois le patron était pris parmi les membres mêmes de l'association (Inscr. nᵒˢ 43, 45, 46, 48). Souvent ils étaient complètement étrangers à celle-ci (Inscr. nᵒˢ 17, 19, 20, 31, 52, 53, 54, 55, 62). On choisissait alors, pour remplir cette fonction, soit un membre d'une autre corporation avec laquelle le collège était en rapport, soit un personnage étranger au négoce ou à l'industrie, mais influent et riche; car il semble qu'on faisait souvent appel à la générosité du patron. Cette générosité se manifestait sous la forme de distributions de sommes aux membres de la corporation, ou de libéralités faites au collège lui-même (Inscr. nᵒˢ 22, 27, 39, 43, 45, 48, 70).

Chaque corporation avait sa maison particulière, sa *schola* (Inscr. n° 34), sorte de siège social généralement situé dans le quartier qui était le centre de son commerce ou de son industrie. Les dimensions et le luxe des *scholæ* variaient avec l'importance et la richesse des corporations qui y avaient leur siège, mais celles-ci mettaient leur amour-propre à décorer avec le plus de faste possible leur maison commune, et les patrons trouvaient là encore un terrain tout préparé pour accueillir leurs libéralités.

De leur côté les collèges manifestaient leur reconnaissance envers leurs protecteurs en leur dédiant des inscriptions honorifiques, ou même en leur élevant des statues (Inscr. n°s 43, 46, 48, 53), et l'inauguration de ces monuments était le plus souvent accompagnée de distributions de sommes d'argent ou d'autres libéralités, dont le souvenir était conservé dans les inscriptions dédicatoires.

Le cadre général dans lequel se mouvait toute cette population qui vivait de la navigation fluviale et des transports par eau ainsi esquissé à grands traits, nous allons maintenant passer successivement en revue les différents corps de métiers qui la composaient, à l'aide des textes épigraphiques recueillis en Gaule et dans la région de la Germanie limitrophe du Rhin.

Les deux groupements nautiques les plus importants étaient ceux des Naviculaires, *Navicularii*, et des Nautes, *Nautæ*.

Naviculaires. — Les Naviculaires, généralement qualifiés de marins, *marini*, sont un peu étrangers à nos études, car ils exerçaient leur industrie sur mer. Nous citerons cependant les inscriptions qui les mentionnent, car les lieux où celles-ci ont été découvertes semblent bien démontrer que ces Naviculaires devaient se trouver en rapport étroit avec les mariniers des fleuves, qui servaient, en quelque sorte, de prolongement à leur sphère d'activité. Les Naviculaires étaient les propriétaires et armateurs des bâtiments de mer, profession libre au début, mais que la nécessité de pourvoir au ravitaillement de la ville de Rome, en assurant la régularité du transport de *l'annone*, avait transformée en une véritable fonction publique, à laquelle les Naviculaires étaient attachés à perpétuité, et qui comportait quelques privilèges, en compensation des lourdes charges et des obligations perpétuelles auxquelles étaient assujettis les membres de ces corporations [1].

Peut-être même existait-il sur certaines rivières des corporations de Naviculaires fluviaux, car le nom de *navicularius amnicus* se rencontre dans une constitution de Valentinien III et dans un texte de Vopiscus, mais il semble que ces corporations devaient être très exceptionnelles, et je n'en ai trouvé aucune trace en Gaule [2].

Narbonne, Lyon et Arles ont fourni un certain nombre d'inscriptions relatives aux Naviculaires. Ceux-ci devaient être particulièrement nombreux dans cette dernière ville, où, d'après l'inscription n° 18 ci-après, ils composaient jusqu'à cinq corporations distinctes [3].

1. « L'État avait intérêt, au lieu de conclure avec de simples particuliers des marchés d'une durée toujours limitée et toujours soumise à la loi de l'offre et de la demande, à traiter avec des corps constitués, qui prendraient une fois pour toutes des engagements perpétuels, et qui assureraient sous leur responsabilité les services publics ; les particuliers, de leur côté, avaient intérêt à transformer en privilèges permanents et héréditaires des immunités qui, jusque là, avaient un caractère temporaire et personnel. De ce double calcul sortirent ces collèges de naviculaires, corps officiels et perpétuels, qui ont tenu une si grande place dans le monde romain jusqu'aux derniers jours de l'empire d'Occident et qui apparaissent pour la première fois dans les inscriptions et dans les ouvrages des jurisconsultes vers l'époque d'Antonin ou de Marc-Aurèle. » (PIGEONNEAU, *L'annone romaine et les corps de naviculaires, particulièrement en Afrique. Revue de l'Afrique française et des antiquités africaines*, t. IV, 1886, p. 220 et ss.).

2. *Nov.*, tit. 28 : *De naviculariis amnicis.* — D'autre part, Vopiscus nous a conservé une lettre d'Aurélien au Préfet de l'annone, au sujet de l'augmentation de l'approvisionnement par la création de nouveaux bateliers sur le Tibre, *navicularios amnicos Romæ*.

3. Le champ d'activité des Naviculaires d'Arles ne devait pas se borner au cabotage sur le bas Rhône et les parages voisins de

N° 16 Lyon.

```
          D              M
Q . CAPITONI. PROBANI
    SENIORIS DOMO ROM
|IIII| VIR AVG LVGVDVN
        ET PVTEOLIS
NAVICVLARIO MARINO.
NERIVS ET PALAEMON .
   LIBERTI PATRONO
QVOD SIBI VIVVS INTI
TVIT POSTERISQ SVIS
ET SUB ASCIA DEDICAV
```

Inscription funéraire d'un Naviculaire marin, sévir augustal de Lyon et de Pouzzoles. Les plombs de douane trouvés à Lyon indiquent que de fréquents rapports commerciaux existaient entre ces deux villes.

C. I. L., XIII, 1942.

la Méditerranée. Il paraît s'être étendu jusqu'aux côtes orientales de cette mer. Parmi les plombs commerciaux trouvés dans la Saône, à Lyon, il en est un certain nombre provenant de Tyr et d'Alexandrie. Les barques des Nautes de Lyon étant incapables de tenir la mer, il est de toute vraisemblance que les marchandises provenant de ces stations étaient amenées jusqu'à Arles, alors port maritime, par les marins de cette ville, et transbordées sur les barques fluviales qui les conduisaient de là à Lyon.

En outre, une inscription sur plaque de bronze, découverte à Beyrouth, en 1899, et relative aux Naviculaires d'Arles, permet de supposer l'existence, sur la côte syrienne, d'une sorte de comptoir des Naviculaires arlésiens. Cette inscription est assez longue (*C. I. L.*, III, 14165 [8]) ; nous n'en donnerons que le préambule, adressé aux cinq corporations de Naviculaires d'Arles :

```
          IVLIANVS NAVICVLARIIS
          INIS ARELATENSIBVS QVINQVE
       CORPORVM          SALVTEM
       . . . . . . . . . . . . . . . . . . . . . .
```

« C'est, dit M. Cagnat, le texte d'une lettre adressée aux Naviculaires d'Arles par un personnage auquel ils avaient adressé leurs doléances ; il s'agit de mesures à prendre pour assurer l'intégrité de la livraison du blé fourni à la ville de Rome par la Gaule Narbonnaise. » (CAGNAT, *Bulletin de la Société des Antiquaires de France*, 24 juin 1899. — BAROT, *Les Naviculaires d'Arles à Beyrouth. Revue archéologique*, 4° série, t. V, janvier-juillet 1905).

Nº 17   Saint-Gabriel (*Ernaginum*).

D   M
M · FRONTINI · EVPORI
|IIII| VIR · AVG · COL · IVLIA
AVG · AQVIS · SEXTIS · NAVICVLAR
MAR · AREL · CVRAT · EIVSD · CORP
PATRONO · NAVTAR · DRVEN
TICORVM · ET VTRICVLARIOR
CORP · ERNAGINENSVM
IVLIA · NICE · VXOR
CONIVGI · CARISSIMO

Inscription funéraire de M. Frontinus Eupor, Naviculaire marin d'Arles, curateur de cette corporation, et patron des collèges des Nautes de la Durance (*Nautarum Druenticorum*) et des Utriculaires d'Ernaginum (*Utriculariorum Ernaginensium*).

C. I. L., XII, 982.

Nº 18   Arles.

D   M
L · SECVNDIO
ELEVTHERO
NAVICVLAR · AREL
ITEM · |IIII| VIR · AVG
CORPOR · C · I · P · A
SECVNDIA
TATIANAE · FIL
PATRI · PIENTISSIM

Inscription funéraire de L. Secundius Eleutherus, Naviculaire d'Arles

C. I. L., XII, 704.

Nº 19   Arles.

COMINIO
CLAVD · BO
AGRICOLA ELIO
APRO · PRAEF · COHOR
TERT · BRACARAVGVSTANO
TRIBVN · LEG · ADIVT · PROCVR
AVGVSTORVM · AD · ANNONAM

Inscription dédiée par les cinq corporations de Naviculaires marins d'Arles à Cominius Boionius Agricola Ælius Aper, leur

PROVINCIAE·NARBONENSIS
ET LIGVRIAE·PRAEF·A MILIARIAE
IN·MAVRETANIA·CAESARIENSI
NAVIC·MARIN·AREL
CORP·QVINQ·PATRON
OPTIMO·ET·INNOCENTIS
SIMO

patron, personnage considérable par les hautes fonctions qu'il avait exercées.

C. I. L., XII, 672.

N° 20   Arles.

CN·CORNEL
CN·FIL·TER
OPTATO
II̅ VIR·PONTIFIC
FLAMINI
NAVICVLARI
MARINI
AREL·PATRONO

Inscription dédiée par les Naviculaires marins d'Arles à leur patron Cneius Cornelius Optatus.

C. I. L., XII, 692.

N° 21   Narbonne.

D·   M
TIB·IVNI·EVDOXI
NAVIC·MAR
C·I·P·C·N·M

Inscription funéraire d'un Naviculaire marin de Narbonne (C·I·P·C·N·M *Coloniæ Juliæ Paternæ Claudiæ Narbonensis Martiæ* [1]).

1. Ce naviculaire est qualifié également de *conductor ferrariarum ripæ dextræ*. M. de Villeneuve-Bargemont (*Mémoires de la Société des Antiquaires de France*, t. V, 1823) l'entendait comme chef des forgerons de la rive droite, c'est-à-dire de la portion d'Arles connue sous le nom de Trinquetaille. MM. Allmer et de Terrebasse (*Inscriptions antiques et du Moyen Age de Vienne en Dauphiné*) et le rédacteur du Corpus en font le fermier public des mines de fer de la rive droite du Rhône, longée par la chaîne des Cévennes, riche en minerai de fer,

TI · IVN · FADIANVS
|ĪĪĪĪ| VIRA · VG
C · I · P · C · N · M · ET
COND · FERRAR
RIPAE · DEXTRAE
FRATRI · PIISS

C. I. L., XII, 4398.

Nº 22   Narbonne.

· DEC · |ĪĪĪĪ| · VIR
AVGVSTAL
P · OLITIO
APOLLONIO
|ĪĪĪĪ| VIR · AVG · ET
NAVIC · C · I · P · C · N · M
OB MERITA · ET · LIBERAL
TATES · EIVS · QVI
HONORE · DECRETI
VSVS · INPENDIVM
REMISIT · ET
STATVAM DE SVO
POSVIT

Inscription en l'honneur de P. Olitius Apollonius, sévir augustal et Naviculaire de Narbonne, pour le remercier d'avoir fait élever une statue à ses frais.

C. I. L., XII, 4406.

Nautes. — Les corporations de Nautes sont d'essence absolument fluviale. Nous en connaissons sur le Rhône, la Saône, l'Ardèche, l'Ouvèze, la Durance, la Seine, la Loire, la Moselle, l'Aar, l'Alb, le Neckar, le Rhin et la rivière Aramus, non identifiée, mais qu'il faut chercher en Suisse. Il n'est pas douteux qu'il existait des associations du même genre sur nombre d'autres rivières à navigation active. La Garonne, pour ne citer que celle-là, avec sa batellerie si vivante et son port de Bordeaux, l'*emporium* par excellence du sud-ouest, possédait évi-

demment ses corporations de Nautes, que le hasard des découvertes archéologiques nous révélera peut-être un jour ou l'autre.

On se ferait des associations de Nautes gallo-romains une très fausse idée si on les considérait comme des réunions de simples bateliers, de mariniers vivant de l'exer-

Fig. 12. — Bas-relief rue Chabot-Charny, à Dijon. — Cliché de M. Espérandieu.

cice manuel de cette profession. Les Nautes étaient, à proprement parler, des armateurs fluviaux, entrepreneurs de transports par eau, et peut-être aussi de transports par terre, tout au moins lorsqu'il s'agissait du transbordement de marchandises destinées à passer par voie de terre d'un cours d'eau dans un autre. M. Steyert a, fort judicieusement, à mon avis, trouvé une preuve de ce fait dans un bas-relief découvert à Dijon, en 1768, sur lequel figure une inscription relative à un Naute de la Saône. au-dessus d'un chariot attelé en cours de chargement[1]. (*Fig.* 11). Nous savons que Dijon se trouvait placé jus-

1. Steyert, *Nouvelle histoire de Lyon et des provinces du Lyonnais, Forez*, etc., 1895.

tement sur l'un des itinéraires de transbordement par lesquels s'opérait la jonction de la Saône avec la Seine par les seuils de la Bourgogne.

On peut rapprocher de ce monument un autre bas-relief, existant également à Dijon, dans le mur d'une maison de la rue Chabot-Charny, reproduit sous le nº 3522 du tome IV du Recueil, et qui représente un homme paraissant aider au chargement d'un sac de grains sur un chariot à ridelles d'osier tressé, attelé de deux chevaux ou mulets. Il semble bien qu'on peut, au second plan, reconnaître le flanc d'une barque (*Fig.* 12).

Enfin, le bas-relief des haleurs, de Cabrières-d'Aygues, dont nous avons parlé dans notre chapitre précédent, nous fournit aussi un document du même genre. Au-dessus de la partie qui représente la scène de halage, on a placé un fragment provenant du même ensemble, sur lequel est sculpté un animal, cheval ou mulet. Ce rapprochement de la barque et de la bête de somme ou de trait fait apparaître bien nettement encore ici la corrélation entre les deux modes de transport, fluvial et terrestre.

Peut-être aussi les Nautes étaient-ils quelque peu serviteurs de l'annone, chargés sur les fleuves de quelques-unes des besognes qui incombaient sur mer aux Naviculaires, et bénéficiant en retour de certains privilèges de ces derniers. Le fait est très vraisemblable, quoique rien ne nous en ait apporté la preuve absolue. Mais ce qui ne fait pas de doute, c'est la situation prépondérante qu'occupaient les corporations de Nautes, que nous voyons qualifiées de *splendidissimum corpus* (Inscr. nº 53), dont les membres occupaient aux amphithéâtres des places réservées (Inscr. nº 29), etc. Les libéralités offertes par des Nautes, les honneurs qui leur sont décernés, nous les font entrevoir comme des personnages opulents et considérables, tandis que l'importance des fonctions exercées par quelques-uns d'entre eux et par certains patrons de leurs corporations est la preuve de l'estime et de la considération dont leur profession était entourée.

Les corporations des Nautes étaient en rapports constants avec d'autres associations professionnelles, notamment celles des marchands de vin et des Utriculaires. Nous trouvons aussi des Nautes qui, en dehors de leur industrie d'armement et de transports fluviaux, exerçaient d'autres commerces. Parmi les inscriptions de Lyon figurent un Naute qui est en même temps négociant en vins (Inscr. n° 45); un autre, négociant en vins et marchand d'huile de Bétique (Inscr. n° 46); un autre, marchand de blé (Inscr. n° 47); un autre, enfin, marchand de saumure (Inscr. n° 51).

Il existait certainement entre les diverses corporations de Nautes des relations suivies, que justifiaient des communautés d'intérêts et des rapports fréquents dans l'exercice de leur industrie de transporteurs. Sans aller aussi loin que M. Steyert, qui pense « que toutes les compagnies de Nautes de la Gaule semblent avoir eu un lien commun et avoir formé une vaste association comprenant les bateliers du Rhône, ceux de la Saône, ceux de la Loire et peut-être même ceux de la Seine et de la Gironde [1] », on peut noter, cependant, les liens étroits que révèlent certains textes épigraphiques, et qui existaient entre les bateliers du Rhône et de la Saône, ceux de la Saône et de la Loire, et ceux de l'Ardèche et de l'Ouvèze. Il est même permis de penser que ces deux rivières, sur lesquelles, en raison de leur régime torrentiel, les conditions de navigabilité devaient être assez semblables, étaient desservies par une seule corporation qui groupait les bateliers des deux cours d'eau.

Enfin, nous devons nous demander si ces collèges de Nautes furent des institutions entièrement importées de Rome, ou si l'on ne doit pas les considérer, au contraire,

1. Steyert, *op. cit.*, t. I, p. 250.

comme des transformations, comme une sorte d'habillement à la mode romaine, d'organismes préexistants, qui fonctionnaient déjà dans la Gaule indépendante. Je suis tout à fait d'avis que cette seconde idée est la vraie[1]. Le commerce par eau et les transports fluviaux étaient assez florissants en Gaule antérieurement à la conquête, pour qu'on puisse admettre qu'ils n'étaient pas restés partout entre les mains de simples particuliers, mais que, dans les principaux centres tout au moins, il s'était formé pour leur exploitation des groupements plus ou moins bien organisés. Nous verrons plus loin que le fait de cette préexistence semble à peu près démontré en ce qui concerne spécialement les Nautes parisiens.

Nº 23   Weisenau.

BLVSSVS   ATVSRI·F
·NAVTA·AN·LXXV·H·S·E
NENMANI·BRIGIONIS·F·AN
VXSOR·VIVA·SIBI·FECIT·PRIMVS·F
PARENBVS·PRO·PIETATE·PO SIT

Inscription funéraire du Naute Blussus, qui devait exercer son industrie sur le Rhin. Sur cette face du monument est sculpté le bateau dont nous avons donné la figure page 147.

C. I. L., XIII, 7067.

1. « Peut-être consentira-t-on à reconnaître que les compagnies de Nautes, établies sur le Rhône, la Durance, la Loire, la Saône et la Seine, dès le temps d'Auguste et de Tibère, ont une origine gauloise. Dans un pays où de puissantes ligues commerciales se formèrent de bonne heure, il est assez naturel de penser qu'il y eut aussi des corporations de flotteurs et de bateliers pour le transport des marchandises. » (DE FRÉVILLE, *De la civilisation et du commerce de la Gaule septentrionale avant la conquête romaine. Mémoires de la Société des Antiquaires de France*, t. XXII, 1855.)

N° 24 Ettlingen.

IN·H·D·D
D·NEPTVNO
CONTVBERNIO
NAVTARVM
CORNELIVS
ALIQVANDVS
D·S·D

Dédicace par Cornelius Aliquandus au dieu Neptune, protecteur des Nautes.

C. I. L., XIII, 6324.

N° 25 Au, près de Marpach.

PRO·SALVTE·IMP
GEN·NAVT
G·IVL·VRBICVS
D·D·V·S·L·L·M

Dédicace par G. Julius Urbicus au génie des Nautes (probablement de la rivière du Neckar [1]).

C. I. L., XIII, 6450.

N° 26 Avenches.

SIN
NAVT
IATORIA
ext RVCTAM
VM

Inscription, sur trois fragments de la même pierre, où figure une mention relative à un Naute.

C. I. L., XIII, 5115.

---

1. Peut-être faut-il ajouter à ces trois textes provenant de la région rhénane et relatifs aux Nautes le fragment d'inscription suivant trouvé à Mayence :

NEG
TAEV

(*C. I. L.*, XIII, n° 7069), où l'on a pensé pouvoir lire *negotiator* et *nautæ*.

Nº 27   Arles.

<table>
<tr><td>

L·IVLIO·SECVNDO
VTRICLARIO·COR
C·I·P·A·QVI·LEGAVIT
EIS·TESTAMENTO·SVO
✳·CC·VT·EX VSVR EOR
OMNIBVS·ANNIS·SACRI
FICIO·EI·PARENTETVR
ITEM·NAVT·DRVENTIC
CORPOR·MOGITVMA
EPIPODIVS·FILIVS·NAT·
PATRI·PIENTISSIMO

</td><td>

Inscription funéraire de L. Julius Secundus, Naute de la Durance (*Nauta Druenticus*), en même temps membre de la corporation des Utriculaires d'Arles. (C. I. P. A. *Coloniæ Juliæ Paternæ Arelatensis*).

</td></tr>
</table>

C. I. L., XII, 731.

Nº 28   Arles.

<table>
<tr><td>

AVR·SEPTIMIVS DEMETRIANVS
NAVTA DRVENTICVS VIVVS
SIBI POSVIT

</td><td>

Inscription funéraire d'Aurelius Septimius Demetrianus, Naute de la Durance.
C. I. L., XII, 721.

</td></tr>
</table>

Nº 29   Nîmes.

N·ATR·ET OVIDIS·LOCA·N̄XXVD·D·D·N·N̄·RHOD·ET
RAR·XL·D·D·D·N

C. I. L., XII, 3316.

Sous le nº 3317 du Corpus, fragments très mutilés d'une inscription analogue : . . . . . .ET O. . .LOCA XV. . . N̄. R. . . . . .

Inscriptions trouvées dans l'amphithéâtre et réservant vingt-cinq places pour les Nautes de l'Ardèche et de l'Ouvèze, et quarante places pour les Nautes du Rhône et de la Saône.

N° 30   Saint-Gilles.

NAVT·ATR·ET OV·CVRATOR
EIVSDEM CORPORIS ITEM
VTRICLAR·CORP·ARELAT
EIVSDEMQ CORP·CVRAT

Inscription relative à un Naute de l'Ardèche et de l'Ouvèze, curateur de cette corporation et curateur de la corporation des Utriculaires d'Arles[1].

C. I. L., XII, 4107.

N° 31   Lyon.

L·TAVRICIO
FLORENTI TAVRICI
TAVRICIANI FILIO
VENETO
ALLECTO·ARK·GALL
PATRO·NAVTAR
ARARICORVM ET
LIGERICOR·ITEM
ARECARIORVM ET
CONDEATIVM
PROVINC·GALLIAE

Inscription relative à un Vénète, patron des Nautes de la Saône et de la Loire (*Nautarum Araricorum et Ligericorum*), qui exerçait les fonctions d'*allector* de la Caisse des Gaules, probablement collecteur d'impôts, centralisant le produit des recettes pour en rendre compte, soit au préfet du Trésor, soit au *Comes sacrarum largitionum* (DE BOISSIEU, *Inscrip. ant. de Lyon*, ch. VII, XVI).

C. I. L., XIII, 1709.

Comme nous le voyons par cette inscription, ce même personnage exerçait les fonctions de patron *Arecariorum et Condeatium*, que nous retrouverons dans un autre texte épigraphique (n° 55), relatif à un patron des Nautes de la Saône et du Rhône.

1. D'après une autre lecture (LENTHÉRIC, *La Grèce et l'Orient en Provence*, p. 460), la première ligne serait ainsi conçue :

NAVTA DRVENT CVRATOR

ce qui attribuerait l'inscription à un Naute de la Durance.

Cette version « *Arecariorum et Condeatium* » est celle admise par le Corpus, car la lecture même des textes épigraphiques est rien moins que certaine. De Boissieu lit *Arrecarri* et *Condeates*, et déclare qu'il ne sait si on doit en faire des peuples ou des corporations [1]. Parmi les anciens auteurs dont il cite les opinions, Reinesius propose, sans aucune apparence de motif, la correction d'*Arrecarrorum* en *Petrocoriorum*, peuple de la Dordogne. Menestrier et Colonia penchent pour *arrecarri* et *pondeates,* et voient en ces personnages des membres des corporations des chargeurs et des peseurs.

Mantellier, commentant notre inscription, s'exprime ainsi : « On a pensé qu'Arecarii pourrait s'appliquer aux Nautes de l'Arroux ; Condeates, aux Nautes de Condrieu ou du confluent du Rhône et de la Saône. Peut-être peut-on voir dans les Condeates une fraction des Nautæ Ligerici établie dans l'un des trois ports de la Loire, que leur situation à des confluents avait fait appeler Condate : Cosne, confluent de la Loire et du Nohain ; Candé, confluent de la Loire et du Beuvron ; Candes, confluent de la Loire et de la Vienne [2]. »

Allmer indique plusieurs lectures autorisées par l'état fruste des monuments. Il pense même à la lecture possible de *elciariorum* au lieu de *arcariorum*, et il conclut en ces termes : « Qu'étaient ces *condeates* et ces *arcarii* ou *elciarii* qui formaient une corporation lyonnaise ? A cause de leur liaison avec les bateliers du Rhône, de la Saône et de la Loire, des bateliers sans doute. Les *condeates* peuvent avoir été des bateliers du confluent, *condate*; les *arcarii* peuvent avoir été des bateliers dont les embarcations se seraient, en raison d'une forme par-

----

1. De Boissieu, *Inscriptions antiques de Lyon.*

2. Mantellier, *Histoire de la communauté des marchands fréquentant la rivière de Loire*, p. 13.

ticulière, appelées du nom d'*arcà*, et si on lit *elciarii* (pour *helciarii*), des bateliers dont les bateaux étaient halés au moyen d'une corde [1]. »

Enfin, Bazin dit seulement qu'aux bateliers il faut peut-être rattacher les *Condeates* et les *Arcarii* [2], et Waltzing se borne à mentionner ces corporations, dont le nom, dit-il, est aussi énigmatique que mal conservé [3]. C'est à la même conclusion, inspirée par une réserve que commandent l'incertitude des textes et le manque absolu de bases pour leur interprétation, que nous croyons devoir nous arrêter également.

N° 32   Nantes.

DEO VOL
PRO SALVTE
VIC POR ET NAV
LIG

Dédicace à Vulcain, pour les habitants du Vicus Portuensis (*Portus Namnetum*), et des Nautes de la Loire.

C. I. L., XIII, 3105.

N° 33   Montigny-lès-Metz.

M̄ PVBLICIO · SEC
DANO · NAVTARV
MOSALLICOR LIBER
TABVLARIO |LIII| VIR
· AVGVSTALI ·

Inscription relative à M. Publicius Secundanus, affranchi du collège des Nautes de la Moselle (*Nautarum Mosallicorum*), près duquel il remplissait les fonctions de secrétaire (*tabularius*).

C. I. L., XIII, 4335.

---

1. ALLMER et DISSARD, *Musée de Lyon. Inscriptions antiques*, p. 484.

2. BAZIN, *Villes antiques. Vienne et Lyon gallo-romains*, p. 257.

3. WALTZING, *Étude historique sur les corporations professionnelles chez les Romains*, p. 32.

Nº 34   Avenches.

IN·HONOREM·DOMVS·DIVINAE
AVTAE·ARVRANCI·ARAMICI
SCHOLAM·DE·SVO·INSTRVXERVNT
    L   D   L   D

Inscription relative à une « *schola* », édifice corporatif, élevé à leurs frais par les *Nautæ Aruranci* et *Aramici*.

C. I. L., XIII, 5096.

Les *Nautæ Aruranci* sont incontestablement les Nautes de l'Aar (*Arura*); quant aux *Nautæ Aramici*, la rivière *Aramus*, dont ils tiraient leur nom, doit être cherchée, d'après le rédacteur du Corpus, parmi les rivières comme la Saane, l'Ems, la Reuss ou le Limmat, ou parmi les lacs voisins.

Nº 35   Paris.

TIB·CAESARE
AVG·IOVI·OPTVM
  MAXSVMO·
NAVTAE·PARISIAC
PVBLICE·POSIER
    N

Dédicace d'un autel à Tibère et à Jupiter par les Nautes parisiens[1].

C. I. L., XIII, 3026.

Ce texte épigraphique occupe l'une des faces d'un autel trouvé en 1711, sous le chœur de l'église Notre-Dame,

---

1. Remarquer la forme *Cæsare* pour *Cæsari*. « Il y a là quelque particularité se rattachant peut-être, dans ces vieilles inscriptions, à la prononciation du celtique. » (JULLIAN, *Revue des études anciennes*, 1908, p. 333). Une inscription d'Alise présente une forme analogue, dans une dédicace au dieu *Ucuete*, pour *Ucueti*. *C. I. L.*, XIII, 2880.

Fig. 13. — Bas-reliefs de l'autel des Nautes parisiens. — 1re face.
Original au Musée de Cluny.

Fig. 14. — Bas-reliefs de l'autel des Nautes parisiens. — 2e face.

et conservé aujourd'hui au Musée de Cluny. Les trois autres faces sont ornées de bas-reliefs représentant chacun trois personnages. L'un des groupes, très mutilé, présente des personnages vêtus de tuniques (*Fig.* 13); dans les deux autres, les personnages sont coiffés de sortes de

Fig. 15. — Bas-reliefs de l'autel des Nautes parisiens. — 3ᵉ face.

turbans et armés de lances et de boucliers (*Fig.* 14 et 15); dans le bas-relief de la 3ᵉ face, un des figurants tient à la main un objet circulaire, ayant l'aspect d'un énorme anneau.

Ce monument, incontestablement élevé par les Nautes parisiens et orné de leur représentation, a été, dans ses détails, l'objet de nombreuses études, dont nous ne rappellerons que quelques-unes, parmi les plus récentes.

Pour Desjardins, l'objet circulaire porté par un des dédicants est un *torques* votif, ou un *carnyx* courbé en forme de *cornu*. Les neuf personnages seraient les principaux membres de la corporation des Nautes, représentés les uns en habits civils, les autres en costumes militaires, parce qu'ils avaient sans doute fait un service dans les corps auxiliaires de la Gaule [1].

M. Mowat reconnaît les Nautes dans les six personnages qui portent des armes, comme faisaient les Gaulois dans les cérémonies publiques. Pour lui, l'objet circulaire est une roue, symbole du char du voyage. « La roue étant un signe conventionnel du voyage en général, même s'il est effectué en partie par eau, notre explication convient à toutes les rouelles ou roués votives en métal, fluviatiles ou non, y compris celle que l'on voit au bras du chef des Nautes parisiens et qu'il consacre à Jupiter [2]. »

M. Vercoutre présente une explication plus compliquée. Les trois personnages à bouclier seraient des soldats des cohortes de Nautæ, troupes auxiliaires qui, tout en coopérant à la défense du territoire, protégeaient la navigation fluviale qui était leur gagne-pain. Les trois autres personnages en habit militaire seraient des *fabri tignarii*, constructeurs de bateaux de rivière, portant un couple de carène représenté par l'objet circulaire en question. Sur le troisième bas-relief seraient représentés des déchargeurs de bateaux, robustes ouvriers portant des objets sur l'épaule gauche. « Je crois donc pouvoir conclure, dit cet auteur, que, sous Tibère, les mariniers

---

1. Desjardins, *Géographie historique et administrative de la Gaule romaine*, t. III, p. 261 et suiv.

2. Mowat, *Remarques sur les inscriptions antiques de Paris. Bulletin épigraphique de la Gaule*, t. I, p. 49 et suiv. M. Mowat rappelle à ce propos les nombreuses trouvailles de rouelles en métal, opérées dans les cours d'eau, aux endroits qui constituaient des points de passage : plus de deux mille, dans la Loire, près d'Orléans; au gué de Saint-Léonard, dans la Mayenne; à Rennes, dans la traversée de la Vilaine.

parisiens, consacrant un autel à Jupiter, ont associé à cette œuvre, d'une part un élément militaire composé de mariniers et de charpentiers de bateaux groupés pour constituer des cohortes de *Nautæ*, et, d'autre part, un élément civil, les déchargeurs de bateaux. Ceux-ci faisaient donc, selon toute apparence, comme ceux-là, partie de la corporation des *Nautæ parisiaci* [1]. »

Enfin, MM. de Pachtère et Jullian, qui ont longuement étudié le monument, y voient l'offrande à Tibère et à Jupiter, par les jeunes et les anciens de la corporation des Nautes, d'un énorme *torques*, figuré au bras d'un des personnages. Nous avons sous les yeux une scène religieuse, d'un caractère tout gaulois, dans laquelle les Nautes portent un équipement militaire, qui n'est pas celui de l'époque, mais celui de temps beaucoup plus anciens. Étant en fonctions religieuses, ils sont, comme les Saliens de Rome, vêtus et armés suivant les rites archaïques [2].

Quelles que soient les divergences de détail qu'on puisse relever dans l'interprétation de ces bas-reliefs, il est incontestable que les personnages représentés appartiennent à la corporation des Nautes qui avait élevé le monument. Je pense même que la forme particulière du texte épigraphique et le caractère très archaïque des costumes dont les sujets sont revêtus, permettent de les rattacher à une organisation d'origine gauloise, antérieure à la conquête, et qui commençait à se romaniser au contact des institutions apportées par les vainqueurs.

J'ai cru devoir insister quelque peu sur ce monument parce que, d'une part, il est le seul qui nous offre la

---

1. Vercoutre, *Les bas-reliefs de l'autel des Nautæ parisiaci*. *Revue archéologique*, 4e série, t. IX, p. 31 et suiv.

2. De Pachtère et Jullian. *Le monument des Nautes parisiens*. *Revue des Études anciennes*, t. IX, p. 263 et suiv.

représentation de Nautes en fonction corporative, et, d'autre part, en raison de l'importance toute particulière, au point de vue de l'histoire de Paris, de cette corporation qui fut certainement l'un des facteurs les plus sérieux de sa grandeur et de sa fortune.

Nous allons terminer l'examen des inscriptions relatives aux Nautes par une série de textes épigraphiques concernant des membres des corporations de Nautes du Rhône et de la Saône. En dehors de toute autre preuve, l'abondance de ces inscriptions suffirait à démontrer l'intensité du mouvement de navigation dont ces deux cours d'eau étaient le théâtre, ainsi que l'importance capitale de la ville de Lyon au point de vue du commerce en général et des transports fluviaux en particulier.

Nº 36   Les Marches (Ain), près du Rhône.

```
MEMORIAE · AETER
NAE M · RVFIVS · CATVL
LVS   CVRATOR · N̄ · R̄ II
VIVVS · SIBI · ET · R RVFIANO · F
RVF ·   PVPAE ·   FIL
. . . . . . . . . . . . . . . . . . . . .
```

Longue inscription funéraire (dont nous ne donnons que le début), de M. Rufius Catullus, curateur des Nautes du Rhône.

C. I. L., XIII, 2494.

Nº 37   Saint-Jean-de-Musol (Ardèche).

```
IMP · CAES · DIVI
TRAIANI · PARTICI
FIL · DIVI · NERVAE
NEPOTI · TRAIANO
HADRIANO · AVG
PONTIF · MAX · TRIB
POTEST · IIĪ · COS · IIII|
N̄ · RHODANICI
INDVGENTISSIMO
PRINCIPI
```

Inscription contenant une dédicace à l'empereur Hadrien par les Nautes du Rhône.

C. I. L., XII, 1797.

N° 38   Lyon.

D ·   M ·
c · *primi*
secŭ N D| ĪĪĪĪ |
uir AUG · CCC
G · LVG · CVR
D · CO P N̄
rh OD · PRAEF
eius D · COR · FAB
sign · LVG · CONS
NIB · HONO
PVD · EOS FV
nc T · PAT · EIVS D
CORP · PRIM SE
NDIANVS · FIL
R · INCOMP
mon · QVOD · SIBI · VI
vus POSVIT INSC
ribe ND CVR ET S
ub asci A *dedic*

Inscription funéraire de. . . . . . .
Secundus? Naute du Rhône, *præfectus* de sa corporation, appartenant également au collège des *fabri tignarii* (charpentiers) de Lyon, dans lequel il avait parcouru tout le cycle des honneurs (*omnibus honoribus apud eos functus*) et dont il était patron.

C. I. L., XIII, 1967.

N° 39   Lyon.

C · IVLIVS · SABINIANVS
NAVTA · RHOD
IN HONOREM
NAVTARVM · RHODANICOR
DAT
L   D
DEC   DEDICATIONE
N̄   R̄   DONI . HVIVS
OMNIBVS
NAVIGANTIBVS ✳III
DEDIT

Inscription dédicatoire d'un monument élevé par C. Julius Sabinianus, Naute du Rhône, en l'honneur de ses collègues, sur un terrain donné par décret des Nautes du Rhône, et à l'occasion de la dédicace duquel chaque navigateur avait reçu trois deniers.

C. I. L., XIII, 2002.

N° 40 Lyon.

D ·   M ·
L · HILARIANI · CINNA
MI · CIVIS · LVG · NAVTE
RHODANICO · RHO
DANO · NAVIGANTIS
CVRATORIS · EIVSDEM
CORPORIS · NEGOTIA
TORIS · Q · HARI Q · MASPE
TIVS · SEVERIANVS · SEX
CEREIVS · ET · CL · SEVERI
NVS AMICVS IDEMQUE
HEREDES PC· ET SVB
CIA DED

Inscription funéraire de L. Hilarianus Cinnamus, Naute du Rhône, *naviguant sur le Rhône* (*nautæ rhodanico Rhodano navigantis*), curateur de sa corporation.

C. I. L., XIII, n° 1996.

N° 41 Lyon.

D ·   M ·
ET QV   AETERN
SECV ·   AE PLA
DAE   MINAE S
TISS   AE QVAE VIX
MECVM ANNIS XX
IIII DIEBVS XI
SINE VLA · ANIM
AESIONE G · TIPVR
IVS SACRVNA NA
ARARIC CONIVG
KARISSIMAE ET SIB
VIVVS PONENDVM
CVRAVIT ET SVB
ASCIA DEDICAVI

Inscription funéraire dédiée par G. Tipurius Sacruna, Naute de la Saône, à son épouse Secundina Placida.

C. I. L., XIII, n° 2028.

D   M   Nº 42   Lyon.

ET · MEMORIAE · AETERNAE
C · LIBERII · DECIMAN
CIVI · VIENNENSI · NAVT
ARARICO · HONORAT
VTRICLARIO · LVGV
DVNI · CONSISTENTI
MATRONA · MARCIA
NI · CONIUGI · CA
RISSIMO · QVI · CVM
EA · VIXSIT · ANNIS · XVI
MENSIBVS · III · DIEBUS
XV · SINE · VLLA . A
NIMI · LESIONE
PONENDVM · CV
RAVIT · ET · SVB · AS
CIA · DEDICAVIT

Inscription funéraire de C. Liberius Decimanus, citoyen de Vienne, Naute de la Saône, promu aux honneurs de sa corporation et Utriculaire de Lyon.

C. I. L., XIII, 2009.

Nº 43   Lyon.

C · APRONIO
APRONI
BLANDI · FIL
RAPTORI
TREVERO
DEC. EIVSDC · IVITATIS
N · ARARICO · PATRONO
EIVSDEM CORPORIS
NEGOTIATORES · VINARI
LVGVD · CON   ENTES
BENE · DE · SE · M   NTI
PATRONO

Inscription sur le piédestal de la statue élevée par les marchands de vin de Lyon à C. Apronius Raptor, originaire de Trèves, Naute de la Saône, patron de sa corporation et patron de la corporation des marchands de vin.

CVIVS STATVAE DEDICA
  TIONE · SPORTVLAS
DEDIT · NEGOT · SING · CORP · XV

C. I. L., XIII, 1911.

N° 44 Lyon.

. . . .   Inscription rappelant une
  SPLENDIDISSIM M   concession perpétuelle, dont
PERPETVAM VACATIONE   nous ignorons la nature, en un
     DECRE   lieu concédé par décret des
L D D N̄ ARARIC   Nautes de la Saône.

C. I. L., XIII, 2044.

N° 45 Lyon.

MINTATHIO · M · FI   Inscription sur la base
VITALI · NEGOTIAT · VINAR   d'une statue élevée à Min-
LVGVD · IN · KANABIS · CON   thatius, marchand de vin à
SIST · CVRATVRA · EIVSDEM   Lyon, deux fois curateur
CORPOR · BIS · FUNCT · ITEM · Q̄ et quinquennal de sa cor-
Q̄ · NAVTAE · ARARE · NAVIG   poration, Naute naviguant
PATRONO · EIVSD · CORPORIS sur la Saône, patron de cette
PATRONO · EQ · R · │IIII│ VIR · VTR corporation, patron cheva-
CLAR · FABROR LVGVD · CON   lier romain des sévirs, des
SIST · CVI · ORDO · SPLENDIDIS Utriculaires et des *fabri* de
SIMVS · CIVITAT · ALBENSIVM Lyon.
  CONSESSVM · DEDIT
NEGOTIATORES · VINARI
IN · KANAB · CONSIST · PA
OB · CVIVS · STATVAE · DED
  TIONE · SPORTVL · X
     DEDIT

C. I. L., XIII, 1954.

N° 46   Rome, dans l'île du Tibre.

D   M   S

C·SEX O·REGVLIANO·EQ·R·DIFFVS
OLEARIO·EX·BAETICA·CVRATORI·EIVSDEM
CORPORIS·NEGOT·VINARIO·LVGVDVN
IN·KANABIS·CONSITEN·CVRATORI·ET·PA
TRONO·EIVSD·CORPORIS·NAVTAE·ARARICO
PATRONO·EIVSD·CORPORIS·PATRONO·|ĪĪĪĪ|·VIR
LVGVDVNI·CONSISTENTIVM·L·SEXTIVS·REGINVS
AVG·ET·VLATTIA·METRODORA·FILI·EIVSDEM
PONENDVM·CVRAVERVNT·PROCVRANTE·DIONI
SIO·ET·BELLICIANO·ET·Q

Inscrip-
tion funé-
raire de C.
Sextius Re-
gulianus,
chevalier
romain,
marchand
en gros

d'huile de
la Bétique [1], curateur de cette corporation, marchand
de vin à Lyon, curateur et patron de cette corporation,
Naute de la Saône, patron de cette corporation et patron
des Sévirs de Lyon (DE BOISSIEU, *Inscrip. ant. de Lyon*,
ch. VI, XXXIII).

N° 47   Lyon.

D   ET QVIETI AETERNAE   M
  OVTI INCITATI |ĪĪĪĪ| VIR
AVG·LVG ET NAVT·ARAR·ITEM
CENTONARIO LVG CONSIS
TENT·HONORATO NEGOTIA
TORI FRVMENTARIO
TOVTIVS MARCELLVS LIB
ATRONO PIISSIMO ET SIBI VI

Inscription funéraire de
Toutius Incitatus, Naute
de la Saône, centonaire de
Lyon et marchand de blé.

1. Parmi les sceaux de plomb à inscriptions diverses, trouvés
à Lyon, dans le lit de la Saône, on en a rencontré plusieurs portant le mot abrégé DIFF, qu'on a attribués aux *diffusores olearii*.
L'un de ceux-ci avait probablement un entrepôt d'huiles non loin
de l'ancien port, près duquel divers exemplaires ont été recueillis.

O SVIT ET SVB ASCIA DEDIC

C. I. L., XIII, 1972.

Nº 48   Lyon.

C · NOVELLIO · IANVARIO	Inscription sur le socle d'une
CIVI · VANGIONI · NAVTAE	statue élevée à C. Novellius
ARARICO · CVRATORI · ET	Januarius, originaire du pays
PATRONO · EIVSDEM · CORP	des Vangions, Naute de la
NOVELLI · FAVS RI	Saône, curateur et patron de sa
CVS · DE SE	corporation, sur un emplace-
PATRONO · IN IS	ment concédé par décret des
SIMO · C A	Nautes de la Saône.
DEDICA IT	
SPORTVLAS · V A	
TIS · PRAESENT XIII	
L · D · D · N̄ · ARARIC VM	
DEDICATA · PI SEPT	
SABINO II · ET O	
C Ōs	

C. I. L., XIII, 2020.

Nº 49   Dijon.

NAVTA · ARARICVS	Inscription au-dessus d'un bas-
H · M · S · L · H · N · S	relief, mentionnant un Naute de la
	Saône dont le nom a disparu.

C. I. L., XIII, 5489.

Nº 50   Saint Remy (*Glanum*).

MORIE AETERNA	Inscription funéraire d'Æ-
EBVTI AGATHON	butius Agatho, Naute de la
VIRO AVG CORP	Saône, qui fut également
ER AREL CVRAT EIVS	curateur des deniers publics
M · CORP · BIS · ITEM|IIII|	de la cité de Glanum.

RO · COL · IVL · APTAE · NAV
AE · ARARICO · CVRATORI
PECVLI · R · P · GLANICO · QVI
VIXIT · ANNOS · |X X
AEBVTIA · EVTYCHIA · PATRO
NO · ERGA · SE · PIENTISSIMO

C. I. L., XII, 1005.

N° 51   Lyon.

ET MEMORIAE AETERNAE   Inscription
M · PRIMI · SECVNDIANI · |IIII| VIR · AVG   funéraire de
C · C · C · AVG · LVG · CVRATOR · EIVSD · COR   M. Primus Se-
POR NAVTAE · RHODANIC · ARARE · NA   cundianus,
D   M   Naute du Rhô-
VIGANT · CORPORAT · INTER · FABROS   ne, *naviguant*
TIGN · LVGD · CONSIST · NEGOT · MVRIAR   *sur la Saône,*
M · PRIMVS · AVGVSTVS · FIL · ET · HERESP · ATRI   membre de la
KARISSIM · PONEND · CVR · ET · SVB · ASC · DED   corporation

des charpentiers de Lyon et marchand de saumure (*negotiator muriarius*).

C. I. L., XIII, 1966.

N° 52   Lyon.

D · ET · MEM	*oriæ æternæ* M
C · MARIVS · MA	*viri g. coloniæ*
FLAVIAE · AVGV	*stæ puteolorum item*
CVRATVRA · EIV	*idem corporis functus ejusque*
PATRONVS ET PA	*tronus nautarum rhodanicorum*
ARARE · NAVIG	*antium item*
VTRICLARIOR	*um Lugduni consistentium*
VIVVS · SIBI · ET	
QVONDAM C ·	*onjugi*
RABILI · ET · PER	
SVPERSTITI · CIV	*ponendum est*
RAVIT	*et sub ascia dedicavit.*

Inscription funéraire de C. Marius Ma......, patron des Nautes du Rhône naviguant sur la Saône (version rétablie au Corpus et présentant toute vraisemblance) et patron des Utriculaires de Lyon.

C. I. L., XIII, 1960.

N° 53   Lyon.

Q·IVLIO·SEVERINO	Inscription sur le piédestal de
SEQVANO	la statue de Q. Julius Severi-
HONORIBVS·IN	nus, originaire de la Séquanie,
TER·SVOS·FVNCTO	qui avait gravi toute l'échelle
PATRONO·SPLENDI	des honneurs, patron de la
DISSIMI·CORPORIS	corporation des Nautes du Rhône
N̄·RHODANICOR·ET	et de la Saône, qualifiée ici de
ARAR·CVI·OB·INNOC	*splendissimum corpus.*
MORVM·ORDO·CIVI	
TATIS·SUAE·BIS·STATVAS	
DECREVIT·INQVISITO	
RI·GALLIARVM·TRES	
PROVINCIAE·GALL	

De Boissieu, *Inscript. ant. de Lyon*, ch. VII, XIX.

N° 54   Lyon.

L·HELVIO·L·FILIO	Inscription en l'honneur de L. Hel-
VOLTIN·FRVGI	vius, curateur des Nautes du Rhône
CVRATORI·NAV	et de la Saône, consacrée par les
TARVM·BIS	Nautes du Rhône et de la Saône.
IIVIR·VIENNEN	
SIVM	
PATRONO·RHO	
DANICORVM	
ET·ARARICOR	
N·RHOD·ET·ARAR	
RHOD	

C. I. L., XIII, 1918.

N° 55 Lyon.

L · BESIO · SVPERIORI
VIROMAND · E · R
OMNIBVS HONORI
APVD · SVOS · FVNCTO
PATRONO · NAVTAR
ARARICOR · ET · RHO
DANICOR · PATRON
 OND   M
ARIOR · LVG
CONSISTENTIVM
ALLECT · ARAE · GALLIA
OB · ALLECTVR · FIDELI
TER · ADMINISTRATAM
TRES · PROVINC · GALLIA

Inscription en l'honneur de L. Besius Superior, originaire du Vermandois (*civitas Veromanduorum*), chevalier romain, qui avait gravi toute l'échelle des honneurs, patron des Nautes du Rhône et de la Saône et patron des Condeates et des Arecarii (voir n° 31).

C. I. L., XIII, 1688.

Rappelons également les inscriptions de l'amphithéâtre de Nîmes (n° 29), réservant quarante places aux Nautes du Rhône et de la Saône.

Comme nous le voyons par la série des textes épigraphiques que nous venons de passer en revue, il existait à Lyon trois corporations de Nautes : les Nautes du Rhône, les Nautes de la Saône et les Nautes du Rhône et de la Saône. Doit-on, comme certains l'ont pensé, voir dans cette dernière corporation le résultat de la fusion des deux autres? Je ne le pense pas, et il suffit, pour être fixé à cet égard, d'observer, comme le fait remarquer de Boissieu[1], que les monuments par lesquels ces trois collèges nous sont connus appartiennent à la

1. DE BOISSIEU, *Inscriptions antiques de Lyon*, p. 398.

même époque. Il y eut donc, non pas substitution d'un organisme corporatif à deux autres préexistants, mais coexistence de trois corps bien distincts, dont les membres avaient pour champ d'action, les uns le Rhône et les autres la Saône, tandis que les derniers pouvaient exercer leur industrie sur les deux cours d'eau.

Les inscriptions n° 40 et n°s 51 et 52 contiennent des formules un peu différentes.

La première concerne un « Naute du Rhône naviguant sur le Rhône ». Il n'est guère possible de voir dans cette formule autre chose qu'une même indication professionnelle présentée sous une double forme.

Les deux autres sont relatives à des « Nautes du Rhône naviguant sur la Saône ». Doit-on penser qu'il s'agit là de Nautes du Rhône qui auraient obtenu la faveur spéciale et particulière de posséder ou de conduire des bateaux sur la Saône ? Il faudrait admettre, pour cela, que les diverses corporations avaient un monopole de navigation exclusif sur certains cours d'eau, et que leurs membres seuls pouvaient y faire circuler leurs barques. J'avoue qu'il me semble difficile de voir autre chose, dans ces inscriptions, qu'un Naute du Rhône et de la Saône, désigné par une forme de langage particulière.

Ratiarii. — Nous savons que, sur certains cours d'eau sans profondeur, la navigation s'opérait à l'aide de radeaux, et que l'on employait probablement aussi ce procédé pour le transport des bois, en les réunissant sous forme de trains. Nous pouvons citer deux inscriptions concernant les *Ratiarii*, corporation qui comprenait vraisemblablement les entrepreneurs de transports par radeaux et les constructeurs des trains de bois, en même temps que les mariniers chargés de la conduite de ces engins de navigation.

On a voulu voir aussi dans les *Ratiarii* des mariniers

chargés des fonctions de passeurs dans les bacs réguliers établis sur les fleuves et sur les lacs. Cette attribution est formellement établie, tout au moins pour l'Afrique romaine, par l'inscription du bac de Radès que j'ai rapportée dans le chapitre I de ce travail. Le sens du mot *Ratis*, qui ne s'applique pas exclusivement, comme nous l'avons vu, à des radeaux, mais aussi à de véritables barques, permet d'admettre concurremment les deux hypothèses, et d'attribuer aux *Ratiarii* deux genres distincts de navigation.

Rappelons également que nous avons signalé, au chapitre précédent, l'existence sur le Danube d'une flottille de barques de ce genre, la *Classis ratiariensis*.

Nº 56   Genève.

<table>
<tr><td>

DEO SILVA
NO PRO SALV
TE RATIARIOR
SVPERIOR · A
MICOR · SVOR
POSIT L · SANCT
MARCVS CIVIS HEL
V S L M

</td><td>

Dédicace par un citoyen Helvète d'un monument au dieu Silvain, pour le salut de ses amis, les *Ratiarii* du Rhône supérieur.

</td></tr>
</table>

C. I. L., XII, 2597.

Nº 57   Saint-Jean-de-Porte.

<table>
<tr><td>

C. CAESARE AVG
germanico
IMP · PONT · MAX
TRIB · POT · COS
RATIARI
VOLVDNIENSES

</td><td>

Dédicace à Germanicus César par les *Ratiarii Voludnienses*. — *Voludnienses* est certainement le nom ancien des habitants du lieu où a été trouvée cette inscription. La plaine qui s'étend entre le village de Saint-Jean-de-Porte et

</td></tr>
</table>

l'Isère porte encore aujourd'hui le nom de *la Velieude*. Il s'agit donc incontestablement de constructeurs ou de mariniers de radeaux indigènes, qui utilisaient le seul mode de navigation que leur permettaient les irrégularités de cours et de régime de la rivière voisine.

C. I. L., XII, 2331.

Utriculaires. — Nous allons, maintenant, passer en revue un certain nombre d'inscriptions relatives à des corporations, celles des *Utriculaires*, que nous avons déjà rencontrées dans plusieurs textes épigraphiques, sans être fixés d'une façon absolument certaine sur leur véritable caractère et sur les fonctions et les attributions de leurs membres.

N° 58   Lyon.

D   M
C CATI DRIBVRONIS
CORPORIS VTRICLA
RIORVM LVGDVNI
COSISTENTIVM

Inscription funéraire de C. Catius Driburon, membre de la corporation des Utriculaires de Lyon. (Lenthéric, *La Grèce et l'Orient en Provence*, p. 464).

N° 59   Lyon.

D   M
QVIETI AETERNAE C·VICTORI
VRICI SIVE QVIGVRONIS CIVIS LVG·
CORPORATO INTER VTRICLAR. LVG·CONS·
I VIXIT SINE VLLIVS OFFENSA·ANN XVIII·M.
D·V·CASSE TAVRINA·MATER VNIC·FIL·PIISS

Inscription funéraire de C. Victorinus .... uricus, appelé aussi Quiguron, citoyen de Lyon, membre de la corporation des Utriculaires de cette ville.

C. I. L., XIII, 2039.

Nº 60   Lyon.

D   M
ET · MEMORIAE · AETERN
ILLIOMARI · APRI · LINTIA
RI EX CIVITATE VELIOCAS
SIVM · SVBLECTO INNVMER
COLONOR · LVG · CORPORA
TO · INTER · VTRICLAR · LVG
    CONSISTENTIVM
QVI · VIX · ANN · LXXXV · SINE · VL
LIVS · ANIMI · SVI · LAESIONE
APRIVS · ILLIOMARVS · FIL · PA
TRI · KARISSIM · P · C · ET · SVB · A · D

Inscription funéraire d'Illiomarus[1], de la cité des Véliocasses (Rouen), membre de la corporation des Utriculaires de Lyon.

C. I. L., XIII, 1998.

Nº 61   Nîmes.

L · VALERIVS
SECVNDINVS
M · BIS · COLLEG
VTRICVLARIOR
NEMAVSENSI
    VM
VIVVS · SIBI · POS

Inscription sur un monument élevé de son vivant par L. Valerius Secundinus, qui exerça deux fois les fonctions de *Magister* du collège des Utriculaires de Nîmes.

C. I. L., XII, 3351.

Nº 62   Arles.

D   M
G · PAQVI · OPTATI

Inscription funéraire de G. Paquius Pardalas, patron

---

1. « Nomina v. 3 aut, ut e filii nominibus conicere licet, inverso ordine posita sunt, aut Apri (fil), ut Bürcklein proposuit, intelligendum est. » (*Note du Corpus.*)

LIB · PARDALAE · |ĪĪĪĪ|

AVG · COL · IVL · PAT · AR

PATRONO · EIVSDEM

CORPOR · ITEM · PATRON

FABROR · NAVAL · VTRICLAR

ET · CENTONAR · C · PAQVIVS

EPIGONVS · CVM LIBERIS · SVIS

PATRONO · OPTIME · MERITO

des *fabri navales*, des *Utri-culaires* et des *centonaires*.

C. I. L., XII, 700.

Nᵒ 63   Arles.

M · IVNIO MESSIANO

VTRICL · CORP · ARELAT

EIVSD · CORP · MAG · IIII · F

D   M

QVI · VIXIT · ANN · XXVIII

M · V · D · X · IVNIA · VALERIA

ALVMNO CARISSIMO

Inscription funéraire de Junius Messianus, membre du collège des Utriculaires d'Arles, dont il fut quatre fois *Magister*.

C. I. L., XII, 733.

Nᵒ 64   Lyon.

POPPILI NATIO

SEQVANO CIV

LVGDVNENS

NEGOTIATORI

TIS · PROSSART

AD PERTINEN

HONORATO CO

VTRICLARIO

R   P

Inscription funéraire de Poppilius, natif de la Séquanie, citoyen de Lyon, ayant rempli des fonctions honorifiques dans le corps des Utriculaires.

C. I. L., XIII, 2023.

N° 65   Iles de Lérins (Saint-Honorat) [1].

COLLEGIO
VTRICLAR
C IVLIVS
CATVLLINVS
DON · POS

Inscription contenant une dédicace par C. Julius Catullinus au collège des Utriculaires.

C. I. L., XII, 187.

N° 66   Narbonne.

C V N
T GRATI
TITIAN

La première ligne de cette inscription figurant sur une tessère trouvée dans les marais de Narbonne a été lue : *Collegium Utriculariorum Narbonensium.*

N° 67   Bar-le-Régulier (Côte-d'Or).

IN H D D
GENIO
VTRICLAR
L · CENSOR
INIVS
IBLIOMAR
CVRATOR
FVNCTVS
C · TREVER
D · S · P · DD

Inscription contenant une dédicace par L. Censorinius, citoyen de Trèves et curateur (vraisemblablement d'un collège d'Utriculaires), en l'honneur de la maison impériale et du génie des Utriculaires.

C. I. L., XIII, 2839.

---

1. Cette inscription a été souvent indiquée à tort comme provenant d'Antibes.

N° 68   Vienne (Isère).

GENIO · ET
HONORI
VTRICLARIOR
AVREL
EVTYCHE
ET · ANT
PELAGIVS IM
MVNES · D · S · D · ET
MARINVS · L · D · D · V
REL

Inscription contenant la dédicace au Génie et en l'honneur des Utriculaires d'un monument élevé en un lieu concédé par décret des Utriculaires.

C. I. L., XII, 1845.

N° 69   Lyon.

D   M
ET MEMORIAE AETERNAE
ARRIO ATTILIO HONORATO
LICIN· VALERI VTR
NIORVM C NONARIOR.
RAPARIORVM PROCVRANTE
FELICIA FELICVLA AMICA
CARISSIMA SIVE FELICIVS
ROMANVS LIBELLICVS
PONENDVM CVRAVERVNT
ET SVB ASC · DEDICAVERVNT

Inscription funéraire d'Arrius Attilius, qui remplit des fonctions honorifiques dans un collège d'Utriculaires.

L'état fruste de la pierre ne donne pas une certitude absolue de lecture et a permis diverses interprétations[1]. Le Corpus admettrait la suivante : *Atilio honorato collegiorum nautarum? et utriculariorum item corp. annonariorum ripariorum?...* La lecture concernant les Utriculaires est certaine; peut-être aussi le défunt était-il

----

1. Voir DE BOISSIEU, *Inscript. ant. de Lyon*, p. 397, et LENTHÉRIC, *La Grèce et l'Orient en Provence*, p. 458.

affilié à une corporation de Nautes et à une association
de fournisseurs de vivres des bords du fleuve.

C. I. L., XIII, 1979.

Nº 70 Riez (*Colonia Julia Augusta Apollinaris Reiorum*).

utri

VSQVE SEXUS··*coll*
VTRICU*lariorum*
OB LIBERALI*tatem*
STATVAR·IM*pensam remisit*
ADGNITON
DEDECERVI
ET OLEVM *plebei utriusque*
SEXVS II P
SPECTA*cul*

Inscription mentionnant un collège d'Utriculaires.

C. I. L., XII, 372.

Nº 71   Riez.

NVMINIBVS
AVGVSTORVM
C ⌂ V·R ⌂ A

La dernière ligne de cette inscription avait été lue ainsi par F. Vallentin : *Colonia vetus Reiorum Apollinaris*. L'existence d'un collège d'Utriculaires affirmée par l'inscription ci-dessus permet de l'interpréter différemment et d'y voir une dédicace aux divinités des Augustes par le collège des Utriculaires de Reis Apollinaris.

C. I. L., XII, 360.

Nº 72 Cavaillon.

COLLE
VTRI·CAB
L·VALER
SVCCESS

Cette inscription, qui est lue ainsi : *Collegium utriculariorum Cabellicensium L. Valerius Successus*, figure sur une tessère de bronze, découverte à Cavaillon

au XVIIIe siècle, et conservée au Cabinet des Médailles et
Antiques de la Bibliothèque Nationale. Cette tessère a la
forme d'un médaillon circulaire, qui porte, sur l'une de
ses faces, en haut relief, la figure d'une outre gonflée,
dont l'orifice est muni d'un anneau de suspension

FIG. 16. — Tessère des Utriculaires de Cavaillon. — Dessin de
M. Champion, d'après une figure du Catalogue des bronzes du
Cabinet des Antiques, par Babelon et Blanchet.

mobile. Sur l'autre face est l'inscription (*Fig.* 16). Cette
pièce présente une importance considérable, tout au moins
au point de vue de l'historique de la question qui nous
occupe, car elle a inspiré à Calvet un mémoire, publié
en 1766 sous le titre un peu long de : « *Dissertation sur
un monument singulier des Utriculaires de Cavaillon ;
où l'on éclaircit un point intéressant de la navigation
des anciens* », étude très documentée et fort ingénieuse,
qui inaugura, en quelque sorte, la controverse non encore
définitivement tranchée aujourd'hui sur la profession
véritable des Utriculaires.

C. I. L., XII, 136.

Nº 73. Vaison.

VTRIC C I   Lue par Calvet : *Utriculario-*
rum Coloniæ Juliæ.
C. I. L., XII, 1837.

Nº 74. Montélimar.

VTRI   Fragment d'une inscription re-
GVDVNI   lative aux Utriculaires de Lyon.
C. I. L., XII, 1742.

Nº 75. Aramon.

VTRIC·ARAM   Fragment d'une inscription en
BINIANVS·OB   l'honneur des Utriculaires d'Ara-
REVERENTIAM   mon, petite ville sur la rive droite
du Rhône.
C. I. L., XII, 211.

Le rédacteur du xiiᵉ volume du Corpus, M. Hirschfeld, après avoir cherché en vain la tessère de Cavaillon dans les collections du Cabinet des Médailles, a conclu à sa fausseté [1], ainsi qu'à celle des fragments d'inscriptions qui la suivent, comme n'étant appuyées que du seul témoignage et de l'autorité unique de Calvet [2]. Aujourd'hui, la tessère est bien visible à la Bibliothèque Nationale et son authenticité ne semble soulever aucun doute. S'il en était besoin, cette authenticité serait corroborée par l'existence d'une plaque circulaire en bronze, à peu

1. Ego Parisiis in Musæo a. 1878 frustra quæsivi. — Mihi tessera prorsus singularis, quæ unius Calveti fide stat, tam gravem suspicionem movet, ut eam inter falsas relegaverim.

2. Hunc titulum (fragment de Vaison) et similes utriclariorum ab uno Calveto relatos valde suspectos dixi.

près semblable, mentionnant le *collegium fabrorum tignariorum Nemausensium*, conservée au Musée archéologique de Nîmes[1]. L'inscription de Vaison a repris rang parmi les textes authentiques, d'après le n° 1742 des *Additamenta*. Il ne semble pas qu'il y ait lieu d'être plus sévère à l'égard des deux textes de Montélimar et d'Aramon, que nous n'hésitons pas à admettre parmi les documents épigraphiques intéressant les Utriculaires.

Rappelons, pour compléter cette nomenclature, les textes précédemment rapportés dans lesquels il est question de membres de ces corporations : n° 17. Frontinus Eupor est patron du collège d'Utriculaires d'Ernaginum. — N° 27. Julius Secundus fait partie du collège des Utriculaires d'Arles. — N° 30. Le Naute de l'Ardèche et de l'Ouvèze, dont nous ignorons le nom, est curateur des Utriculaires d'Arles. — N° 42. Liberius Decimanus a rempli des fonctions honorifiques dans le corps des Utriculaires de Lyon. — N° 45. Minthatius et, n° 52, Marius Ma... ont été patrons de ce même collège.

Nous devons nous demander maintenant quelle était la véritable profession de ces *Utriculaires*, dont nous voyons le nom si répandu dans toute la région sud-est de la Gaule, et que nous ne rencontrons à peu près que là. Aucune indication provenant de textes anciens ne nous permet de résoudre la question, et nous en sommes réduits à chercher à l'interpréter à l'aide des hypothèses que peuvent nous suggérer les quelques indications fournies par les documents épigraphiques.

Nous nous trouvons en présence de trois opinions.

La première, qui ne se discute même pas, proposée par Sertorius Urfatus, au xviiᵉ siècle, et que nous trouvons

1. Mazauric, *Les Musées archéologiques de Nîmes. Recherches et acquisitions*, 1909. — *Revue des Études anciennes*, année 1910, p. 304 et 308.

reproduite dans le *Dictionnaire des Antiquités romaines et grecques*, de Rich, fait des Utriculaires des marchands, fabricants ou joueurs de musette ou de cornemuse.

La seconde, qui réunit les noms de Boissieu[1], Bloch[2], Levasseur[3], Allmer et Dissard[4], Rénier, voit dans les Utriculaires les fabricants ou marchands d'outres qui servaient aux transports des liquides.

La troisième, proposée par Calvet[5], admise par Mantellier[6], Lenthéric[7], Aurès[8], Alliez[9], considère le corps des Utriculaires comme une corporation de bateliers spéciaux, conduisant des radeaux supportés par des outres, destinés à servir d'allèges ou à naviguer sur les lacs, les étangs ou les rivières de faible profondeur, et, probablement aussi, les constructeurs de ces radeaux et les entrepreneurs de transports qui s'effectuaient par ce moyen. Desjardins, incertain, flotte entre les deux opinions, et, après avoir fait des Utriculaires des fabricants d'outres, il admet, d'autre part, qu'ils étaient peut-être adonnés à un genre particulier de navigation.

Parmi les auteurs anciens cités par Calvet, Spon et

1. DE BOISSIEU, *Inscriptions antiques de Lyon*.

2. BLOCH, *Histoire de France, publiée sous la direction de Lavisse*, t. I, p. 433.

3. LEVASSEUR, *Histoire des classes ouvrières en France*, t. I, p. 70. « Ce métier était très pratiqué dans la Narbonnaise, parce que les outres servaient à transporter le blé et l'huile. »

4. ALLMER et DISSARD, *Musée de Lyon. Inscriptions antiques*.

5. CALVET, *Dissertation sur un monument singulier des Utriculaires de Cavaillon, etc.*

6. MANTELLIER, *Histoire de la communauté des marchands fréquentant la rivière de Loire*.

7. LENTHÉRIC, *La Grèce et l'Orient en Provence. —Id., Le Rhône*, t. II.

8. AURÈS, *Nouvelles recherches sur le tracé des Fosses Mariennes*, p. 27.

9. ALLIEZ, *Les Iles de Lérins, Cannes et les villages environnants*, 1860.

Muratori considéraient les Utriculaires comme des bateliers se servant de petites barques en forme d'outres, mais un autre, Schwarz, devançant Calvet et ses conclusions dans ses *Miscellanea politioris humanitatis*, publiées en 1721, en faisait des nautonniers se servant d'outres pour construire des barques ou établir des ponts.

En ce qui me concerne, j'incline tout à fait à voir dans les Utriculaires des bateliers, se servant de barques ou de radeaux supportés par des outres, et destinés soit à servir d'allèges, soit à naviguer sur des cours d'eau de faible profondeur ou sur des étangs.

Un point, tout d'abord, hors de toute discussion est l'existence même dans la Gaule romaine de ce mode particulier de navigation, qui, d'ailleurs, n'était pas spécial à la région du sud-est de la Gaule, où nous le voyons cependant principalement employé. L'hydrographie de cette région, avec ses cours d'eau irréguliers et sans profondeur et les nombreux étangs qui, à cette époque encore plus qu'aujourd'hui, s'étendaient à sa surface, la rendait éminemment propre à des procédés de circulation par eau de ce genre. Cette disposition naturelle, jointe probablement aussi à des habitudes locales, permet donc d'expliquer la localisation, dans cette partie de la Gaule, des monuments épigraphiques se rapportant à l'exercice de cette batellerie particulière, localisation qui ne se comprendrait pas s'il s'agissait, en réalité, de marchands ou de fabricants d'outres. L'usage de ce genre de récipients était répandu partout dans l'antiquité. Aussi est-il bien difficile d'admettre que les inscriptions relatives à leur fabrication ou à leur commerce ne se soient pas rencontrées, disséminées dans les diverses régions où l'on s'en servait pour l'emmagasinement et le transport du vin, de l'huile ou autres liquides, mais, au contraire, aient été rassemblées et comme concentrées dans une région très circonscrite de la Gaule méridionale.

Une autre considération également très importante à retenir est l'association fréquente des Utriculaires avec les Nautes, où les membres d'autres corporations ayant rapport à la navigation. Parmi les inscriptions que nous avons relevées, le nom d'Utriculaires est associé une fois à celui de Naviculaire marin, huit fois à celui de Naute et une fois à celui de *faber navalis*. Cette constatation me semble tout à fait décisive pour faire reconnaître un rôle nautique à la corporation qui nous occupe.

D'autre part, si nous considérons la provenance des inscriptions relatives aux Utriculaires, ou les mentions des localités dans lesquelles ceux-ci exerçaient leur profession, nous sommes conduits à des conclusions du même genre. Nous les voyons établis à Lyon, à Arles et à Aramon, sur le Rhône ; à Montélimar, en un point très voisin du fleuve et sur deux de ses petits affluents, le Roubion et le Jabron ; aux îles de Lérins ; à Narbonne, sur l'Aude et les étangs du littoral ; à Saint-Gabriel (*Ernaginum*), alors baigné par les étangs et peut-être aussi par un bras dérivé de la Durance ; à Nîmes, jusqu'où s'étendait alors une région palustre ; à Montbard (d'où semble bien provenir l'inscription de Bar-le-Régulier), sur la rivière à régime assez marécageux de la Brenne ; enfin, sur des rivières à régime tout à fait torrentiel : à Riez, le Colostre, affluent du Verdon ; à Cavaillon, la Durance, et à Vaison, l'Ouvèze. Comme on le voit, ce sont toujours des conditions topographiques telles que, partout, la circulation de barques à très faible tirant d'eau était possible, et que, quelquefois même, notre mode de navigation était le seul qu'il fût possible d'exercer.

Devons-nous nous arrêter à cette objection qu'on ne trouve nulle part la forme *Nautæ utricularii*, qui devrait se rencontrer si ces derniers constituaient un genre particulier de mariniers. J'avoue que cette objection me touche peu.

Si, en effet, les Utriculaires étaient des bateliers d'un genre spécial, ce nom suffisait à faire connaître leur profession, sans qu'il fût besoin d'y ajouter un autre qualificatif. Remarquons, d'ailleurs, qu'il en était de même pour les mariniers de radeaux, les *ratiarii*, et pour ceux qui montaient des barques d'un genre particulier, *scapharii*, *lintrarii*, *lenuncularii*, etc., dont la dénomination désignait suffisamment les fonctions nautiques, sans qu'il fût besoin d'y ajouter le terme générique de *Nautæ*.

Je ne veux pas étendre outre mesure cette discussion : il me semble en avoir assez dit pour justifier mon opinion et démontrer combien semble prouvée l'attribution des inscriptions relatives aux Utriculaires à des corporations ou à des individus ayant une existence nautique, et rentrant, par cela même, dans le cadre de notre étude.

Nous allons terminer notre revue épigraphique par l'indication de trois textes relatifs à des personnages qui, bien que ne faisant pas partie de corporations de bateliers ou de Nautes, exerçaient cependant des professions ou des fonctions en rapport avec la navigation fluviale.

Nº 76. Arles.

C IVLIVS POM	**Fabri navales**. — Inscription funéraire de C. Julius Pom…, membre du collège des *fabri navales*, curateur de ce corps.
COLLEGA FAB	
NAVALIVM C	
CVRATOR EIVS	
CORPORIS ET	
SEVERA VIVI	
POSVERVNT.ET	
DEDICAVERVNT	

C. I. L., XII, 730.

Ces *fabri navales*, qu'on retrouve dans un grand nombre de stations navales de l'antiquité, semblent avoir eu un caractère assez particulier, par suite de leur liaison à l'organisation militaire de l'empire. Nous les voyons quelquefois placés sous les ordres de préfets et même de tribuns, fonctionnaires d'ordre essentiellement militaire. Ils pouvaient être mobilisés comme ouvriers militaires, et certains d'entre eux étaient attachés à des ports, où ils tenaient garnison comme des soldats.

Les *fabri navales* ont été déjà mentionnés antérieurement dans l'inscription n° 62, où figure un patron de la corporation.

N° 77.   Arles.

COELIVS·D
RCHITECTVSβNAV
IβETβCOELIC
MONIMIAEβMATR
FRONTONI·NIC

Inscription funéraire de Cœlius D...; architecte naval.

C. I. L., XII, 723.

N° 78.   Arles.

ET QVIETI AETERNAE
MATINI SATVRNI
PARITOR NAVICVLAR
STATION

Bateliers de bac. — Inscription funéraire de M. Atinus Saturninus, appariteur des bateliers desservant un bac dont le nom ne nous est pas parvenu. Je dois ajouter que ce texte n'est enregistré qu'avec réserves par le rédacteur du Corpus, qui le tient pour suspect[1].

C. I. L., XII, 718.

1. « Titulus, qui fide stat Gaillardi, propter apparitorem vel unde dictum vel naviculariis servientem suspectus est. »

Præfectus aquæ ? — Enfin, je crois devoir signaler une dernière inscription, trouvée sur la rive droite du Rhin, à Castel, en face Mayence, inscription qui n'était peut-être pas sans rapport avec la navigation du fleuve :

N° 79.

IN · H · D ·D
DEABVS · NIM
PHIS · SIGNA ET
ARAM · G CA
RANTINIVS
MATERNV
S · PRAEFECT
V S · AQVE
V · S · L · L · M

M. de Ring voyait dans le fonctionnaire dont il est question à ce texte un préfet ayant eu l'inspection et la direction de tout ce qui avait rapport à la navigation et aux travaux du fleuve [1]. Le rédacteur du *Corpus* se borne à faire remarquer que ce titre de *Præfectus aquae* ne se rencontre nulle part ailleurs, et rapporte l'opinion de Mommsen, qui se demande s'il ne faut pas lire *Præfectus Aquensium*, du nom de quelque *vicus* voisin.

C. I. L., XIII, 7279.

Corporations diverses. — Il est bien évident que les inscriptions précédentes ne nous font pas connaître tout le personnel qui, dans la Gaule romaine, s'occupait de batellerie et de transports fluviaux.

A côté des corps de métiers dont l'existence en Gaule nous est révélée par ces monuments épigraphiques, il s'en trouvait, sur les bords de nos cours d'eau, nombre d'autres, qui n'ont pas laissé de traces épigraphiques, ou dont les monuments n'ont pas, jusqu'à présent du moins, été remis au jour, mais dont nous pouvons cependant nous faire facilement une idée d'après

---

1. M. DE RING, *Mémoire sur les établissements romains du Rhin et du Danube*, t. I, p. 327.

des textes d'auteurs anciens ou des inscriptions découvertes dans d'autres pays. Les besoins de la batellerie et du commerce fluvial étaient partout semblables, et des nécessités de même ordre ont dû fatalement faire naître des organisations similaires. Nous pouvons donc, sans témérité, compléter notre tableau du personnel attaché à la navigation et aux transports sur nos fleuves et nos rivières, en empruntant quelques renseignements à d'autres sources que les inscriptions trouvées sur notre sol.

Dans le personnel naviguant, les bateliers, dépendant des Nautes, formaient les équipages des bateaux. L'édit de Dioclétien fixait les salaires de ces mariniers sur fleuves à 50 deniers (1 fr. 22), légèrement inférieurs à ceux des matelots sur mer, qui recevaient 60 deniers (1 fr. 35).

Certains de ces bateliers portaient des noms particuliers, dérivant du genre spécial d'embarcations qu'ils montaient. Quelques inscriptions mentionnent les *lintrarii*, qui composaient l'équipage des barques auxquelles on donnait le nom de *lintres*.

On trouvait aussi des *lenuncularii* et des *scapharii*, mariniers dont les occupations devaient être assez semblables, car si on les voit désignés comme corporations différentes et indépendantes l'une de l'autre dans certaines inscriptions mentionnant des patrons *corporatorum scaphariorum et lenuncularium* (*C. I. L.*, XIV, 250, 251, 252), on les trouve, par contre, réunis en un même collège, dans une inscription relative au *Corpus scaphariorum et lenunculariorum traiectus Lucullus* (Orelli, 4109).

M. Waltzing voit dans les *lenuncularii* les mariniers montant des *lenunculi*, diminutif de *lembi*, petites barques mues par un grand nombre de rames et servant surtout au transport des personnes, par exemple des courriers et des pêcheurs. Marquardt les considère comme des équipages d'allèges, et le Dictionnaire des Antiquités grecques et romaines (v° *Lenuncularii*), comme des bateliers dont nous ignorons les attributions exactes.

Quant aux *scapharii*, on s'accorde généralement à les regarder comme des bateliers d'allèges, destinées au transbordement de tout ou partie des cargaisons des grands bâtiments. Marquardt fait remarquer, en outre, que les *scapharii* paraissent aussi s'être occupés du transport des personnes.

Très voisins des mariniers étaient les *helciarii*, les haleurs, dont nous avons déjà parlé, et qu'Ausone et Sidoine Apollinaire nous ont montrés, courbés sous le lourd fardeau de l'embarcation qu'ils traînent à leur suite, ainsi que les conducteurs de bêtes de halage, mules, bœufs ou chevaux, employés au tirage des bateaux, lorsque ceux-ci n'étaient par remorqués par des hommes.

En outre du personnel employé à la conduite et à la manœuvre des bateaux, barques ou radeaux, la navigation fluviale occupait encore, sur les grèves et les quais des ports et le long des berges, toute une série de manœuvres, qui portaient des noms différents suivant la nature spéciale de leurs travaux. C'étaient les *exoneratores* et les *levamentarii*, qui s'occupaient du chargement et du déchargement des barques, et remplissaient l'office de nos débardeurs actuels ; les *phalangarii*, portefaix chargés de la manipulation des lourds fardeaux, qu'ils transportaient à l'aide de fortes perches, *phalangæ* [1] ; les *saburrarii*, qui opéraient le chargement et le déchar-

---

1. On donnait aussi le nom de *phalangæ* aux rouleaux de bois qui servaient pour tirer à sec ou remettre à flot les embarcations.

gement des bateaux rentrant ou sortant sur lest ; les *saccarii* [1], préposés à la manipulation des denrées et des marchandises transportées dans des sacs.

Ajoutons, enfin, certains employés attachés par leurs fonctions aux mouvements des ports : les surveillants des magasins élevés sur les quais, appartenant à des particuliers ou servant d'entrepôts publics [2] ; les *ponderatores*, chargés du pesage des marchandises transportées ; les *mensores* [3], qui vérifiaient les quantités de denrées embarquées ou débarquées, parmi lesquels les *mensores frumentarii*, qui s'occupaient de cette vérification aux endroits où l'on embarquait les blés et autres denrées destinées à l'annone ; les préposés des douanes, chargés de la perception des droits et de l'apposition des plombs ; les *tabularii*, appelés quelquefois *tabularii ripæ*, greffiers, scribes ou comptables chargés des écritures et des comptes auxquels donnaient lieu les opérations diverses des transports fluviaux et du trafic qui s'opérait par eau.

Divinités protectrices des Nautes. — L'esprit religieux qui présidait, chez les anciens, à tous les actes de la vie privée ou publique devait nécessairement se manifester dans l'existence des corporations dont nous nous occupons. Si elles recherchaient les secours matériels de patrons humains, elles ne négli-

---

1. A Rome, les *saccarii*, porte-sacs ou crocheteurs, avaient le monopole de certains déchargements, même pour les denrées et les marchandises des particuliers, d'après des tarifs réglés par le Préfet de la ville. Code Théod., l. XIV, t. XXII : *De saccariis portus Romæ*.

2. Le Code Théodosien mentionne les patrons des greniers des ports ; l. XIV, t. XXIII : *De patronis horreorum portuensium*.

3. Les *Mensores portuenses* sont mentionnés dans le Code Théodosien, lib. XIV, t. IV, l. IX,

geaient par les faveurs spirituelles de protecteurs
célestes, qui jouaient dans ces associations antiques un
rôle analogue à celui que rempliront plus tard les Saints
du christianisme auprès des corporations du Moyen Age.
Les inscriptions que nous venons de passer en revue
nous ont fait connaître quelques-unes des divinités tuté-
laires de corporations nautiques. Nous allons les rappeler
brièvement en quelques mots.

Trois de ces inscriptions sont consacrées à des *Genii*,
sortes de divinités impersonnelles, que l'antiquité attachait, comme des gardiens vigilants et des protecteurs
toujours présents, aux individus, aux cités, aux associations professionnelles, aux sites naturels même, rivières,
forêts, etc., qui avaient chacun leur *genius loci*. Une de
ces inscriptions (n° 25), provenant de la région du Neckar, est dédiée au « Génie des Nautes » ; les deux autres
(n°s 67 et 68), trouvées à Bar-le-Régulier et à Vienne,
sont consacrées au « Génie des Utriculaires ».

Les Nautes parisiens (Inscr. n° 35) honoraient d'un
culte particulier Jupiter très bon et très grand. Le maître
de l'Olympe avait, si l'on peut s'exprimer ainsi, une
puissance généralisée, qui permettait aux associations les
plus diverses de solliciter son patronage. Peut être aussi,
comme semble le penser M. Mowat, Jupiter, le Dieu à
la roue. était-il le protecteur attitré des transports et
des voyages, symbolisés par l'attribut qui lui était consacré et qu'on voit auprès de lui sur de nombreux
monuments figurés.

Une inscription provenant du Grand-Duché de Bade
(n° 24) est dédiée à Neptune, protecteur des Nautes.
Le dieu des eaux était, évidemment, la divinité par
excellence des gens de rivière, et sa mention sur un
monument élevé par ceux-ci se passe de tout commentaire.

A Nantes, les habitants du Vicus Portuensis, le quartier du port, et les Nautes de la Loire invoquent « *pro salute* » le dieu Vulcain (Inscr. n° 32). Trois inscriptions trouvées dans la ville de Nantes portent des dédicaces à ce dieu, qui devait être le protecteur de la cité. Ainsi qu'on l'a fait judicieusement remarquer, la région nantaise a toujours été un centre important d'industrie métallurgique et le culte de Vulcain y trouvait tout naturellement sa place. On conçoit également que les Nautes de la Loire, qui devaient trouver dans cette industrie un aliment considérable pour leurs entreprises de transport par eau, se soient associés aux habitants du *Vicus* dans l'hommage rendu au dieu vénéré dans la contrée.

Enfin, à Genève (Inscr. n° 56), un généreux citoyen élève un monument au dieu Silvain, pour le salut des mariniers sur radeaux ou passeurs de bacs.

CHAPITRE VIII

LE MISE EN DÉFENSE DES COURS D'EAU EN GAULE

———·———

I

LES FLOTTILLES MILITAIRES

Les deux premiers siècles de l'ère chrétienne furent
pour la Gaule une période de calme et de tranquillité,
au cours de laquelle la sécurité de la circulation par eau,
pleinement assurée, n'exigeait aucune mesure spéciale
de précaution ou de surveillance. Les villes, à l'exception de celles qui avaient le titre de colonies ou qui
étaient situées dans le voisinage des frontières, s'étalaient, largement ouvertes, et sans aucun ouvrage de
fortification destiné à les protéger. Les troupes gardaient les frontières et, sauf de très rares exceptions,
ne fournissaient point de garnisons à l'intérieur du
pays.

Cet état de choses se modifia profondément dès la
fin du IIIe siècle, et la situation, troublée par les invasions des barbares et les désordres intérieurs, rendit
nécessaire la mise en œuvre, dans toute l'étendue de la
Gaule, d'une organisation défensive, qui eut pour objec-
tifs, dans le domaine spécial qui nous occupe, la protection du cours même des fleuves et la mise en état de
défense des points les plus importants de leurs rives.

Au point de vue de la protection des fleuves, nous connaissons l'existence, sur certains cours d'eau, à côté de la navigation commerciale, de flottilles militaires, armées et entretenues par l'État, ayant leurs ports d'attache déterminés, et commandées par des *Præfecti*. Nous sommes assez bien documentés sur la flotte qui opérait sur le Rhin, la plus ancienne de toutes, antérieure au Ier siècle de notre ère, et infiniment moins renseignés sur les flottilles stationnées sur d'autres fleuves. Celles-ci apparurent beaucoup plus tard, probablement pas avant le IIIe siècle, et nous ne les connaissons guère que de nom.

Flottille du Rhin (Classis Germanica). — La flotte du Rhin[1], *Classis Germanica*, qui porte sur plusieurs inscriptions le titre de *pia fidelis*, avait été créée à l'époque d'Auguste, au temps des campagnes de Drusus (12-8 avant J.-C.). Elle fut, sous le règne de Constantin, l'objet d'une réorganisation complète. Son rôle militaire et sa coopération à certaines opérations de guerre sont signalés dans divers textes d'historiens anciens. Nous savons, notamment, par un passage de Tacite[2], qu'au cours de la guerre contre Civilis, cette flotte se composait de vingt-quatre vaisseaux, qui furent capturés par suite de la trahison de leurs rameurs, presque tous bataves. Il semble également résulter d'un texte d'Ammien Marcellin[3] que, du temps de Julien, une force navale, probablement détachée de la flotte du

---

1. Sur la Classis Germanica, voir : DAREMBERG et SAGLIO, *Dictionnaire des Antiquités grecques et romaines*, v° *Classis* ; FERRERO, *L'ordinamento delle armate romane*, 1878 ; FERRERO, *Inscrizione et ricerche nuovi intorno all' ordinamento delle armate dell' Impero romano*, 1884 ; ALLMER, *Inscriptions de Vienne*, t. I, p. 421 et suiv.

2. TACITE, *Hist.*, 1. IV, 16.

3. AMMIEN MARCELLIN, 17, 2.

Rhin, se trouvait sur la Meuse, et secondait les opérations de l'armée de terre en assurant le blocus de forteresses riveraines.

D'assez nombreuses inscriptions nous ont fourni d'intéressants renseignements sur le personnel de cette
escadre et permettent de déterminer quels étaient ses
points principaux de stationnement. La flotte était sous
le commandement d'un Préfet ; les noms de cinq de ces
fonctionnaires sont parvenus jusqu'à nous. Parmi les
officiers composant l'état-major, trois inscriptions nous
font connaître des *Triérarques* et une un *Navarque*, officiers dont la situation hiérarchique et les attributions
spéciales ne sont pas très exactement connues. L'une
des inscriptions concernant les Triérarques [1] et l'inscription du Navarque [2] nous intéressent particulièrement,
car elles ont été découvertes en France, la première à
Arles, la seconde en Savoie, près de Saint-Genis
d'Aoste.

Nous trouvons encore un soldat des équipages de la
flotte, *miles ex classe* ; un *proreta*, bas-officier dont la
place était à la proue, et qui jouait le rôle de vigie,

1. N° 80, Arles.

L · DOMIT · DOMITIANI
EXTRIERARGI · CLASS · GERM
D P · F · COCCEIA · VALENTINA M
CONIVGI · PIENTISSIM
C. I. L., XII, 681.

2. N° 81, Romagnieux (Saint-Genis d'Aoste).

CLAVD · ALBINAE
TIB · CL · ALBINI
NAVARC · CLAS.
GERM ᴙ FILIAE
I POMPEIVS
PR I
COIVG · OPTIM
C. I. L., XII, 2412.

chargé de signaler les obstacles et les incidents de navigation à l'homme de barre, le *gubernator*, qui se tenait à l'arrière ; trois préposés à l'administration militaire, parmi lesquels deux d'entre eux, *optiones navaliorum*, devaient être employés à l'arsenal de la flotte, situé probablement à Mayence, d'où proviennent les inscriptions portant ces mentions.

En outre de cette ville, *Autunnacum* (Andernach), *Bonna* (Bonn) et *Colonia Agrippinæ* (Cologne) étaient au nombre des villes échelonnées le long du fleuve qui servaient de stations à la flottille. Le poste fortifié d'Alteburg, sur la rive gauche du Rhin, un peu en amont de Cologne, a fourni des briques à l'estampille de la *Classis Germanica*, qui devait y posséder un de ses points d'appui.

Nous n'avons sur les autres flottilles fluviales de notre pays que de très brèves indications, fournies par le texte suivant de la *Notitia Dignitatum* pour les Gaules :

In provincia Ripensi

Præfectus classis Rhodani, Vienna sive Arelati.

Præfectus classis Barcariorum, Ebruduni Sapaudiæ.

In provincia Lugdunensi prima :

Præfectus classis Araricæ, Caballodunum.

Præfectus classis Anderetianorum, Parisiis.

Flottille de la Saône (Classis Ararica). — Flottille du Rhône (Classis Rhodani). — La grande artère fluviale Saône-Rhône était sérieusement défendue. Sur la première de ces rivières se trouvait la *Classis Ararica*, dont le Préfet résidait à Chalon. Sur la seconde, le Préfet de la *Classis Rhodani* avait deux résidences, Vienne et Arles, et il est infiniment probable qu'à raison de l'importance exceptionnelle de la navigation du Rhône, la flotte était divisée en deux escadres, qui

avaient chacune pour port d'attache une de ces deux
villes. Lyon ne possédait pas de marine militaire, mais
sa sécurité se trouvait suffisamment assurée par les
forces navales établies en amont et en aval.

Flottille de la Seine (Classis Anderetianorum).
— La flottille de la Seine portait le nom de *Classis Ande-
retianorum*, et le lieu de résidence de son chef était
Paris [1]. La comparaison avec les textes relatifs aux
autres flottilles, où la résidence du chef est toujours
indiquée dans une ville déterminée, montre que le mot
Parisiis s'applique bien à Paris et non au territoire des
Parisiens.

Une opinion déjà ancienne et bien souvent reproduite
depuis, sans qu'on ait beaucoup cherché, je crois, à en
contrôler le bien fondé, place le lieu de stationnement
de cette flottille à Andrésy, au confluent de la Seine et
de l'Oise. La similitude que présente le nom de la
flotte, *Anderetianorum*, avec la forme ancienne du nom
d'Andrésy, *Anderitum*, est, en somme, le seul motif
plausible qu'on puisse donner de cette attribution.
Étant donné que le Préfet était à Paris, il est difficile

---

1. « Cette escadre nous est donnée comme relevant directement du maître de l'infanterie attaché à la résidence impériale
(*magister peditum præsentalis*), mais il n'est pas douteux qu'elle
ne fut placée en fait sous les ordres du duc d'Armorique (*dux
tractus Armoricani et Nervicani*). L'autorité de cet officier général ne s'étendait pas seulement sur les trois provinces côtières, la
Lyonnaise seconde, la Lyonnaise troisième et l'Aquitaine seconde.
Il commandait encore dans les deux provinces éminemment con-
tinentales de l'Aquitaine première, métropole Bourges, et de la
Lyonnaise Sénonaise, métropole Sens, et c'était dans cette dernière précisément qu'évoluait l'escadre de la Seine. Il tenait
ainsi sur tout leur parcours les deux grandes voies fluviales de
l'Ouest. » (BLOCH, *Histoire de France publiée sous la direction de
Lavisse*, t. I, p. 293).

d'admettre que la force navale sous ses ordres eût son port d'attache à 70 kilomètres de là, distance qui, par la voie fluviale, sépare Andrésy de l'île de la Cité.

D'autre part, le lieu de Fin d'Oise n'était pas le seul qui eût une importance considérable, comme centre nautique, dans la région parisienne. Le confluent de la Marne et de la Seine, tout voisin de Paris, n'était pas non plus une quantité négligeable et méritait également les honneurs d'une surveillance active. En résumé, Paris me semble devoir être considéré non seulement comme le lieu de résidence du commandant de la flotte militaire de la Seine, mais encore comme le port d'attache de celle-ci [1].

Classis Barcariorum. — Quant à la *Classis Barcariorum*, dont le Préfet résidait à *Ebrudunum Sapaudiæ*, je pense qu'il faut y voir un corps de mariniers et de soldats qui combattaient sur des barques composant une flottille lacustre, dont le stationnement était à Yverdon, sur le lac de Neufchâtel [2]. M. Bloch place cette force navale à *Ebrodunum*, près de Villeneuve, sur le lac Léman [3], ce qui est possible, et MM. Allmer et de Terrebasse [4], à Embrun, ce qui me semble tout à fait inadmissible. La Durance, qui arrose Embrun, n'est encore dans cette ville qu'un torrent de montagne, qui dut être, de tout temps, absolument impropre à toute espèce de navigation.

1. Je suis heureux de me rencontrer sur ce point avec M. C. Jullian, qui semble bien partager cet avis dans une de ses « *Notes Gallo-romaines* ». *Revue des Études anciennes*, t. XII, n° 4, p. 426.

2. FERRERO, *L'ordinamento delle armate romane*, p. 194.

3. BLOCH, *Histoire de France publiée sous la direction de Lavisse*, t. 1, p. 293.

4. ALLMER et DE TERREBASSE, *Inscriptions de Vienne*, t. I, p. 423.

Flottille de la Somme (Classis Sambrica). — La *Notitia dignitatum* nous fournit également la mention d'une autre flottille, dont la situation géographique et les lieux de stationnement n'ont pas encore été déterminés avec une absolue certitude : *Sub dispositione viri spectabilis comitis Belgiæ secundæ, Præfectus Classis Sambricæ, in loco Quartensi sive Hornensi.*

Une première opinion attribue cette force navale à la rivière de la Sambre, dans le voisinage de laquelle se trouvent les villages de Notre-Dame-de-Quartes et de Hargnies, dont les noms rappellent singulièrement, en effet, les dénominations anciennes des résidences du Préfet de cette flotte. J'ai peine à croire, cependant, à l'existence d'une flotte sur la Sambre, dont l'importance commerciale et militaire ne semble pas avoir été assez considérable pour motiver un semblable déploiement de forces, et qui, d'ailleurs, affluent de la Meuse, pouvait, en cas de besoin, être protégée par les bâtiments détachés sur cette rivière.

Je préfère de beaucoup, pour ma part, l'hypothèse de M. Vaillant [1], qui corrige la lecture *Sambrica* en *Samarica*, et voit dans l'escadre qui nous occupe une force mi-maritime, mi-fluviale, destinée à la défense de la Somme (*Samara*) et de son estuaire. Le *Locus Quartensis* ou *Quantensis* serait situé dans la vallée de la *Quantia*, la Canche actuelle, vraisemblablement à Étaples, où l'on constate de nombreux vestiges d'occupation romaine, et que l'on peut identifier avec le port de *Quantovicus* [2]. L'autre lieu de stationnement devrait

---

1. VAILLANT, *Commission départementale des Monuments historiques du Pas-de-Calais, Classis Britannica; Classis Sambrica. Cohors I Morinorum. Recherches d'épigraphie et de numismatique.* Arras, 1888.

2. L'existence d'un port sur ce point au ixe siècle semble indiscutablement établie. DEPPING, dans son *Histoire des expé-*

être cherché du côté de Saint-Valery-sur-Somme : « La *Classis Samarica* aurait donc eu pour champ de croisière les atterrissements de la côte, qui, au nord de l'Hornay, s'étale jusqu'aux falaises du Boulonnais, et au sud du cap Hornu, est limitée par la Normandie ; conservant ainsi son contact, d'un côté avec la flottille de Boulogne, et, de l'autre, avec celle de la Seine, elle étendait sa protection sur les vallées de la Canche, de l'Authie, de la Somme et de la Bresle. »

Ce système nous semble étayé de très sérieuses présomptions par la découverte de deux fragments de tuiles à estampilles trouvés près d'Étaples, et portant, le premier les lettres CLSA dans un débris de cartel, le second les lettres CLSAM. Si ces lectures sont exactes, la présence de la *Classis Samarica* vers l'embouchure de la Canche serait établie sans conteste.

Matériel naval des flottilles. — Nous pouvons, d'après quelques indications recueillies dans des textes d'auteurs anciens, nous faire une idée du matériel naval de ces flottilles. On y voyait des bâtiments croiseurs, *lusoriæ*, jouant le rôle de vedettes chargées de patrouiller sur les fleuves et d'en assurer la surveillance et qui, d'après Végèce, avaient été étudiés au point d'en faire des instruments nautiques à peu près parfaits [1]. A

ditions maritimes des Normands, signale (p. 73) l'existence en 850, à l'embouchure de la petite rivière de la Canche, là où se trouve un obscur village appelé Saint-Josse, du port de Quentovic, éclairé par un phare de construction fort ancienne. « On s'y embarquait pour l'Angleterre, ajoute-t-il, et les rois carlovingiens y avaient un duc gouverneur de la ville et un maître des monnaies. Les marchands fréquentaient ce petit port, et beaucoup de navires y étaient attirés par le commerce. Voilà pourquoi, sans doute, un navire à mâts figure sur les monnaies frappées dans cette ville ». (Le Blanc, *Traité des Monnaies de France*, p. 108).

1. « Je crois devoir passer sous silence les bâtiments croiseurs

Fig. 17 — Barque sculptée ayant fait partie du monument funéraire de Neumagen. — Original au Musée de Trèves. — Moulage au Musée des Antiquités nationales de Saint-Germain-en-Laye.
Dessin de M. Champion.

côté des *lusoriæ* figuraient des unités plus considérables, car Tacite fait allusion, au cours de la guerre contre Civilis, à la capture d'une trirème, la trirème prétorienne, qui portait le pavillon de Cérialis, et qui fut emmenée dans la Lippe [1].

D'autres bâtiments à grande vitesse, *naves fugaces* ou *cursoriæ*, étaient destinés au transport rapide de chefs appelés à se rendre en hâte sur un point quelconque du fleuve ou des officiers chargés des services d'inspection.

Enfin, les flottilles comprenaient des bâtiments de charge ou de transport, et l'indication d'un navire de ce genre, *pleroma*, nous est fournie par une inscription relative à un soldat de la Classis Germanica.

Le Musée de Trèves possède une sculpture ayant fait partie d'un monument funéraire trouvé à Neumagen, et représentant un navire, qui me semble pouvoir être rattachée aux représentations du matériel naval des flottilles militaires [2] (*Fig.* 17).

Le bateau est armé d'un éperon, surmonté, sur chaque épaule, d'un œil largement ouvert. Une épaisse préceinte forme une puissante saillie à l'avant, terminé par une partie recourbée en volute. L'arrière, de forme arrondie, s'élève très haut au-dessus du pont et s'amortit par une tête d'animal dirigée vers l'intérieur de l'embarcation.

(*lusoriæ*), dont on se sert pour les gardes de jour et de nuit sur le Danube ; le grand usage qu'on en fait aujourd'hui a porté ces bâtiments à un point de perfection qu'on chercherait inutilement dans les livres des anciens ». VÉGÈCE (*Institutions militaires*, l. V, chap. XV).

1. « Multa luce reverti hostes captivis navibus, prætoriam triremem, flumine Luppia, domum Veledæ traxere ». (TACITE, *Hist.*, l. V, 22.)

2. Le bateau de Neumagen et les restaurations dont il a été l'objet ont été étudiés dans les BONNER JARBÜCHER : *Ein Neumagener Schiff neu ergänzt*, année 1911, p. 236 à 250.

Une cabine assez semblable à une guérite est accolée à l'arrière. Des bastingages en forme de balustrades à croisillons couronnent les bordages.

Vingt-deux rames sont figurées sur le flanc du navire. Six rameurs sont sculptés de chaque bord, la face tournée vers l'avant, où un personnage semble régler avec la main la cadence de la nage. A l'arrière, le *gubernator* assure la direction avec une rame à large pelle.

Sur le pont, entre les rameurs, sont rangés quatre gros tonneaux.

L'aspect général de ce navire n'est pas celui d'un bateau de commerce. Son éperon, la grande ressemblance de ses formes et de certains détails de construction, tels que les bastingages, avec les représentations de bateaux de guerre et notamment de ceux qui figurent sur la Colonne Trajane, le rapprochent évidemment des types de la marine militaire.

D'autre part, la cargaison de tonneaux semble bien indiquer que le bâtiment représenté n'était pas exclusivement un bâtiment de guerre, mais servait également de bateau de charge. Je suis donc tout à fait porté à voir dans le monument de Neumagen une sorte de transport de guerre, analogue aux bâtiments dont nous venons de parler en dernier lieu.

Rôle des flottilles fluviales. — Quel était exactement le rôle joué sur les fleuves par ces flottilles et quelles étaient leurs attributions précises ? Le caractère militaire de la *Classis Germanica*, qui opérait sur un fleuve frontière, dans une région qui fut toujours pour ainsi dire sur le pied de guerre, ne peut faire aucun doute.

En ce qui concerne nos autres flottes fluviales, de Boissieu [1] avait émis l'opinion que l'usage auquel elles

1. DE BOISSIEU, *Inscriptions antiques de Lyon*, p. 387.

étaient destinées n'avait rien de guerrier. Le savant épigraphiste voyait dans les Préfets des flottes de Vienne, d'Arles et de Chalon, « des agents impériaux habilement répartis sur tous les points où la navigation pouvait se relier à un centre d'approvisionnements ou de rentrées de redevances en nature, et chargés de régulariser le mouvement des transports et le service des Nautes ». « Je ne peux pas reconnaître d'autres fonctions à ces *Præfecti*, ajoutait-il encore. Dans l'intérieur des terres, sur nos fleuves, il n'y avait point d'excursions de pirates à redouter, conséquemment il n'existait point de marine militaire. »

J'avoue que cette idée me semble tout à fait inadmissible et je ne puis comprendre un rôle aussi purement pacifique assigné à ces flottilles. Peut-être celles-ci avaient-elles, parmi leurs attributions, la surveillance spéciale des Nautes et des Naviculaires, lorsqu'ils transportaient les denrées destinées au ravitaillement de Rome, mais cela ne devait être qu'une besogne accessoire, comprise dans le service de surveillance générale et de police qu'elles exerçaient sur les rivières et sur leur navigation. Elles avaient également pour mission de servir de liaison entre les postes fortifiés situés sur les cours d'eau, d'aider les troupes dans leurs mouvements, d'assurer les transports officiels dans des conditions particulières de rapidité et de sécurité. Puis, lorsque vinrent les temps troublés qui commencent dès la deuxième moitié du IIIe siècle, et qu'il fallut songer à assurer la sauvegarde intérieure de la Gaule, ces flottilles eurent à remplir un véritable rôle militaire en contribuant à la défense des estuaires, comme à celle de certains points du cours des fleuves particulièrement menacés, et en servant d'appui aux forces de terre.

Nous savons d'ailleurs que, dès la fin du IIIe siècle, sous le règne de Dioclétien, des pirates saxons et francs désolaient les côtes de la Gaule. Ces précurseurs des coureurs Normands du haut moyen âge ne devaient pas borner leurs incursions aux eaux maritimes, et il est probable que les fleuves, tout au moins dans les parages voisins de leurs embouchures, furent plus d'une fois le théâtre de leurs audacieuses entreprises.

Vers 287, Carausius est chargé de défendre la Belgique et l'Armorique, dont les côtes sont infestées par les incursions des Francs et des Saxons.

Moins d'un siècle plus tard, en 366, le chef de la défense des côtes, secondé par le maître de l'Infanterie Severus, détruisait une flotte de pirates saxons qui avait remonté par les rivières jusqu'au cœur de la Gaule[1].

Ces exemples suffisent à démontrer que, longtemps avant la chute définitive, de la puissance romaine, la sécurité était loin d'être complète sur les cours d'eau de notre pays ; aussi les inquiétudes et le trouble qui naissaient de cette situation expliquent et justifient l'entretien de flottilles fluviales ayant un caractère nettement militaire.

II

LA DÉFENSE TERRESTRE

Les villes fortes. — Les grands travaux de fortification entrepris en Gaule dès la fin du IIIe siècle avaient contribué, de leur côté, à assurer la sécurité sur

1. « La Gaule n'avait pas seulement à redouter les invasions venant du Nord-Est. Beaucoup de trésors enfouis dans l'Ouest de la Gaule, et la plupart des ruines reconnues non loin des rivages de l'Océan, peuvent être expliqués par les actes de piraterie des Francs et des Saxons. Ces incursions particulières s'exercèrent pendant si longtemps que les côtes de la Gaule, de l'Escaut à la Loire, en reçurent le nom officiel de *littus saxonicum* » (BLANCHET, *Les trésors de monnaies romaines et les invasions germaniques en Gaule*).

les principaux cours d'eau, qui se trouvèrent jalonnés
de places fortes lorsque les principales villes, restreignant
leur périmètre et se renfermant dans des limites plus
faciles à protéger, reçurent des enceintes fortifiées, à
l'abri desquelles elles purent braver les coups de main
brusques, aussi bien que soutenir des sièges prolongés.
Des troupes nombreuses, légions, corps auxiliaires et
troupes barbares, avaient remplacé les faibles contingents
d'autrefois, et tenaient garnison aux frontières, dans les
places de couverture et dans les villes fortes de l'intérieur. Au ve siècle, cette organisation défensive des côtes
et des fleuves était complète, sous les ordres du Duc de
la Belgique seconde, au nord, et du Duc du territoire
armoricain et nervien, qui présidait à la défense des
côtes de la Seine à Bayonne.

Sur le cours de la Seine se trouvaient échelonnées les
places fortes de Troyes; de Melun, bien installée dans
son île ; de Paris, autre place insulaire, cantonnée dans
l'île de la cité et défendue par une garnison de Sarmates ;
de Rouen, où résidait un corps de troupe spécial, les
Milites Ursarienses.

Sur la Loire se succédaient les villes fortes de Nevers,
d'Orléans, de Tours et de Nantes, où tenait probablement garnison le corps *Militum Superventorum*, placé
par la *Notitia Dignitatum* en un lieu nommé *Mannatias*,
lecture généralement corrigée en celle de *Namnetas*.

Sur la Garonne, dans la partie supérieure du cours
du fleuve, Toulouse avait reçu une enceinte fortifiée.
Du côté de l'embouchure se dessinait un ensemble
défensif de premier ordre, constitué par les puissantes
murailles de Bordeaux, le castrum de Bourg-sur-Gironde,
qui dominait le confluent de la Garonne et de la Dordogne, et la place de Blaye, avec sa milice des *Milites
Garonnenses* [1], surveillant les approches de l'Océan en

---

1. L'attribution à Blaye de cette force militaire ne peut faire

même temps que la route qui aboutissait au fleuve. « Elle
servait à la fois contre les pirates de l'Océan, que l'on
redoutait toujours depuis le IIIe siècle, et contre les enne-
mis qui pouvaient venir du nord par la grande chaussée
de Saintes [1]. »

La grande ligne maîtresse de la Saône et du Rhône
était gardée par les places de Chalon et de Mâcon, sur
la première de ces rivières, de Lyon, de Vienne, d'Avignon et d'Arles, sur le Rhône.

Sur les fleuves secondaires, Amiens, avec sa garnison
de Sarmates, défendait le principal passage de la Somme :
Rennes, et ses Lètes Francs, celui de la Vilaine, et
Saintes, celui de la Charente. Enfin, sur les principaux
affluents des fleuves que nous venons de passer en revue,
nous trouvons encore toute une série de cités mises en
état de défense : Meaux, sur la Marne ; Angers, sur la
Maine ; Le Mans, où des Lètes Suèves tenaient garnison, sur la Sarthe ; Soissons sur l'Aisne, et enfin, sur
l'Yonne, Auxerre et Sens, où tenaient garnison des
Lètes Teutons.

Du côté de la Germanie, Metz et Trèves gardaient la
Moselle, et la vallée du Rhin renfermait une série ininterrompue de places de guerre, dont les principales
étaient : Augst, colonie militaire et séjour de troupes qui
surveillaient la frontière, en un repli du Rhin toujours

l'objet d'aucun doute sérieux. Elle a cependant été discutée
autrefois : « Licet Blabia, ab omnibus fere habeatur pro Blavia,
Aquitaniæ castra, vulgo Blaye ; putat Valesius legendum Blabita,
ibique designari Blavittam castrum Armoricæ maritimum quod et
Blavetum (Blavet) nomine fluvii sui appellant. Pancirolus suspi-
catur forte legendum Carnutorum Blesiæ, quod nemo probave-
rit ». (DOM BOUQUET, *Recueil des Historiens des Gaules et de la
France*).

1. JULLIAN, *Ausone et Bordeaux. Études sur les derniers temps
de la Gaule romaine.*

exposé aux attaques des barbares ; Strasbourg, à peu de distance du fleuve ; Mayence (*Mogontiacum*), en face le débouché du Mein ; à l'embouchure de la Nahe, Bingen (*Bingium* ou *Vingo*), dont Ausone admirait les fortifications nouvellement restaurées [1] ; Boppard (*Bodobriga*), où la Notice pour l'Occident place un corps de soldats chargés du service de balistes [2] ; Coblenz (*Confluentes*), dominant le point de réunion du Rhin et de la Moselle ; Andernach ; Cologne et, plus au nord, Xanten (*Castra Vetera*), un peu au-dessus du débouché de la Lippe.

Les postes fortifiés. — A côté des villes fortifiées, il existait le long des cours d'eau un assez grand nombre de postes fortifiés, *castra*, *castella*, *munimenta*, *burgi*, *turres*, destinés à en surveiller le cours, à assurer les communications entre les villes riveraines et à défendre les points ayant une importance stratégique particulière. Quelques-uns de ces ouvrages sont d'origine purement romaine. Il en est d'autres qui occupent le site d'anciens *oppida*, de camps de refuge d'époques bien antérieures, dans lesquels la succession d'objets d'âges différents indique une continuité d'occupation que suffit à expliquer la position, généralement admirablement choisie au point de vue défensif, de la plupart de ces enceintes.

C'est surtout dans la région de l'est, voisine de la frontière germanique, que ces défenses avaient été accumulées. Elles étaient particulièrement nombreuses sur la ligne du Rhin, où elles formaient une chaîne ininterrompue de châteaux forts, camps d'observation ou tours

---

1. AUSONE, *Mosella* :
    « Transieram celerem nebuloso flumine Navam,
     Addita miratus veteri nova mænia Vingo. »
2. NOT. DIGN. OCC. « Sub duce Mogontiacensi, præfectus militum balistariorum Bodobriga ».

isolées, reliant les places fortes de la rive gauche, ou leur servant de débouchés sur la rive droite [1].

Sur la Meuse, nous savons par les récits des campagnes de l'Empereur Julien qu'une série de forts défendaient les passages de la rivière [2].

M. Blanchet signale trois postes fortifiés sur la Moselle : l'un sur la côte Lebel, entre Bayon et Vitre-court, protégeant le cours supérieur de la rivière ; un autre, défendant le passage à Pagny-sur-Moselle ; le troisième à Scarpone (Charpeigne, près de Dieulouard), dans une île artificielle de la Moselle, traversée par la voie de Toul à Metz [3].

La *Statistique de l'arrondissement de Dôle* (t. I, p. 367) indique, dans le voisinage de cette ville, sur le sommet d'un monticule non loin de Goux, l'existence d'un camp romain, d'où l'on pouvait surveiller le confluent de la Loue et du Doubs.

Citons encore, épars dans diverses régions de la Gaule : un castellum sur la Saône, à Anse ; un autre sur la Seudre, à l'Eguille ; le castrum de Bourg-sur-Gironde, dont nous avons déjà parlé, qui participait, avec Blaye, à la défense de l'entrée du fleuve ; la forteresse qui s'élevait à Saint-Maur, près du confluent de la Seine et de la Marne ; des retranchements près du confluent de la Bèbre et de la Loire ; un camp à l'extrémité du promontoire, au confluent de la Bièdre et de l'Allier,

---

1. Drusus, à lui seul, au dire de Florus, aurait élevé le long du Rhin cinquante de ces castella, et, plus tard, à l'époque des invasions, le système fut perfectionné par Julien et Valentinien. D'après Ammien Marcellin (XXVIII), ce dernier avait fait élever de fortes levées de terre, donner plus de hauteur aux châteaux et aux retranchements et construire des tours dans les lieux les plus propres à la défense.

2. Ammien Marcellin, l. XVII, 2, 9.

3. Blanchet, *Les enceintes de la Gaule romaine.*

présidant au passage de cette rivière, avec un poste correspondant sur l'autre rive, placé sur la voie d'Autun à Bourges par Decize, etc.

Le triangle déterminé par le confluent de la Loire et de la Maine, au sud d'Angers, est fermé par une levée transversale, au-devant de laquelle un mouvement de terrain forme une sorte de terrasse de niveau inférieur, entourée comme d'une seconde enceinte. Cet ouvrage, connu sous le nom de camp de Frémur, a fourni de nombreux débris d'occupation gallo-romaine. On le considère généralement comme ayant été le siège d'un établissement militaire ; cependant M. Célestin Port, qui a consacré à Frémur un long article dans son *Dictionnaire historique, géographique et biographique de Maine-et-Loire*, rejette toute idée de fortification à l'époque qui nous intéresse, et ne voit dans les nombreuses ruines exhumées sur le plateau que les restes d'un centre ordinaire de population.

Sur l'autre rive de la Loire, à peu près en face le débouché de la Maine et la station de Frémur, on a reconnu, aux Châteliers, les ruines d'une muraille de forme elliptique, en petit appareil sans briques. Là encore M. C. Port ne croit pas à un travail de défense, alors que l'opinion générale place en ce lieu un poste militaire, qui aurait été en correspondance avec le camp de la rive droite.

Nous avons dit un mot, lorsque nous nous sommes occupé de la Seine, des « Camps de Constance » placés par Ammien Marcellin dans le voisinage de l'embouchure du fleuve. L'emplacement de ces camps n'a pu être déterminé d'une façon certaine. On les a cherchés dans les camps de Boudeville et de Sandouville, qui dominent les falaises escarpées de la rive nord de l'estuaire, le premier à côté de Tancarville, le second, plus à l'ouest, dans la direction de Harfleur [1]. Ces deux camps ne sont certainement pas des œuvres romaines ; ils présentent tous les caractères de ces enceintes préhistoriques, qui utilisaient les promontoires et les escarpements pour réduire les travaux de défense aux parties les plus accessibles ; mais il n'est pas douteux, si l'on s'en rapporte aux vestiges qui y ont été découverts, que leur occupation ne s'est pas terminée avec les temps préhistoriques, et qu'ils furent utilisés par la suite aux époques gauloise, romaine et franque. Il n'y aurait donc rien de surprenant à ce que les légions de Constance aient pris comme lieux de concentration ces points naturellement forts et déjà mis en état de défense.

Fallue signale, en outre, l'emplacement d'un camp sur la pointe de la Roque, dominant l'embouchure de la Risle, et complétant ainsi la défense de la côte sud de l'estuaire. Le même auteur relève également l'existence d'une série de camps, échelonnés jusqu'à Rouen sur des hauteurs à portée de vue les unes des autres, ce qui permettait de communiquer à l'aide de signaux de jour et de nuit, et de se mettre en garde contre les pirates pénétrant dans le fleuve à l'improviste [2].

Depuis un certain nombre d'années déjà les côtes de cette région étaient infestées par des pirates venus du Nord. Il semble bien résulter d'un passage d'Ausone

---

1. GAILLARD, *Recherches archéologiques pour servir d'introduction à un voyage dans la Seine-Inférieure. Précis analytique des travaux de l'Académie de Rouen*, 1822, p. 159.

ABBÉ COCHET, *La Seine-Inférieure historique et archéologique*, p. 221 et 245.

Bulletin de la Société normande d'études préhistoriques, t. XIII, 1905.

2. FALLUE, *Mémoire sur les travaux militaires antiques des bords de la Seine et sur ceux de la rive Saxonique. Mémoires de la Société des Antiquaires de Normandie*, t. IX.

que le haut fonctionnaire chargé de la défense des côtes
du front nord de la Gaule, le *Dux Saxonici littoris*, avait
sa résidence à l'embouchure de la Seine. Nous avons vu
plus haut que Rouen était le siège d'un corps de troupes
spécial, les *Milites Ursarienses*. Tout cet ensemble de
faits concourt à démontrer que l'estuaire et le bas cours
de la Seine avaient été l'objet de mesures défensives
sérieuses, et on peut admettre avec beaucoup de vraisemblance l'existence de points fortifiés, occupés d'une
façon temporaire ou permanente, sur les escarpements
des falaises qui dominent la baie dans laquelle débouche
le fleuve.

Ainsi, par suite de nécessités semblables d'ordre
général et de similitudes dans la situation topographique
des lieux à protéger, les travaux de fortifications élevés
au bord des rivières déterminèrent la constitution, sur
tout le territoire de la Gaule, d'un véritable réseau
défensif, et, dès le IVᵉ siècle, la plupart des points importants du cours des fleuves et des rivières : centres de
commerce, lieux de marché et ports fluviaux, points de
passage des grandes voies, confluents des cours d'eau
navigables, étaient solidement protégés contre les
attaques qui pouvaient survenir par terre ou par eau. Je
crois, notamment, que les confluents durent être l'objet
de mesures particulières de protection. Nous en avons
cité quelques-uns près desquels s'élevaient des villes
fortes ou des castella ; pour beaucoup d'autres, je pense
qu'un examen attentif de leurs abords permettrait de
retrouver les traces d'anciens ouvrages destinés à leur
protection.

Il n'est pas douteux que, sur certains cours d'eau ou sur
certains points de cours d'eau plus spécialement exposés ou
d'une importance stratégique particulière, les travaux de
fortification furent conçus et exécutés d'après un plan d'en-

semble et en vue d'un programme défensif déterminé. Le fait est certain pour les ouvrages accumulés sur les rives du Rhin ; il me semble tout à fait probable pour les travaux défensifs de l'entrée de la Gironde et ceux du bas cours et de l'estuaire de la Seine. Je crois qu'il faut tenir pour assuré qu'il en fut de même pour d'autres rivières, aux abords desquelles des études consciencieusement faites sur le terrain pourraient aboutir à des constatations semblables, en établissant entre certains emplacements reconnus de travaux antiques des liaisons voulues et des rapports stratégiques restés jusqu'à présent inaperçus.

ADDITIONS

I

LE PORT ANTIQUE DE CHALON-SUR-SAÔNE

Chalon-sur-Saône occupa certainement une place tout à fait prépondérante dans le mouvement commercial et nautique d'autrefois.

L'ancienne route de l'étain, d'après M. Déchelette, remontait la Seine et peut-être l'Yonne, pour gagner la Saône à Chalon, le grand port des Eduens. « Maîtres de Cabillonum ceux-ci disposaient des voies d'accès aux vallées de la Saône et du Rhône. En outre, ils détenaient la route qui conduisait à la Loire (par Decize). Le grand carrefour de la vie économique dans la Celtique était en leur pouvoir. »

Des dragages opérés dans le lit de la Saône, en 1869-70, ont fait reconnaître l'emplacement du port antique de Chalon, du côté de la rive gauche attenante au Petit-Creusot. Bien que cette station soit actuellement sur la rive gauche, qui était autrefois la rive séquane, il ne semble pas douteux que le cours de la rivière se soit modifié depuis ces âges anciens, faisant de la rive droite la rive gauche, et que le port antique ait été situé alors sur la rive droite, en territoire éduen.

Les dragages ont permis de constater l'existence de constructions sur pilotis, ayant fait partie des dépendances du port de Cabillonum, et ont fourni une grande quantité d'armes, épées et javelots, de poids, de lingots, d'ustensiles divers en métal, de monnaies et de poteries appartenant aux époques gauloise, gallo-romaine et mérovingienne. Les restes de poteries étaient en quantité innombrable : vingt-quatre mille pointes d'amphores et les débris trois ou quatre fois plus nombreux d'autres vases.

Pour M. Déchelette, l'importance de ces découvertes s'expliquerait par l'existence à Chalon, à l'époque de la domination éduenne, d'un poste de péage où, « sous la protection d'un contingent de troupes, s'emmagasinaient les marchandises perçues en nature, les lingots ou marchandises d'échange tenant tout d'abord lieu de numéraire, enfin plus tard les espèces monnayées ».

Au port éduen avait succédé, non moins actif, le port gallo-romain, et l'énorme accumulation de débris d'amphores indiquerait que là était le grand entrepôt des vins du Midi, dont le transport devait constituer le principal élément de fret de la batellerie de la Saône.

II

INSCRIPTION DE LA DEA SOUCONNA

Une découverte toute récente est venue augmenter le nombre des divinités pouvant figurer dans notre Panthéon fluvial.

On a exhumé, à Chalon-sur-Saône, un autel antique enfoui à 3ᵐ 50 de profondeur, et qui avait été utilisé dans la construction d'un rempart, hâtivement élevé, sans doute sous la menace d'une invasion barbare. Cet autel porte sur une de ses faces une inscription consacrant le monument, élevé par les habitants de Chalon, à la déesse de la Saône, *dea Souconna*, qui n'était connue jusqu'à présent par aucun texte épigraphique.

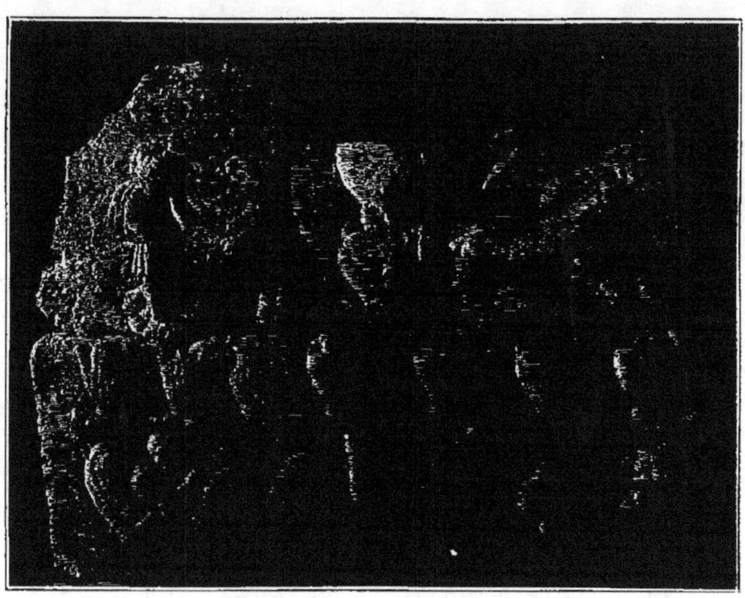

Fig. 18. — Bas-relief des haleurs, de Cabrières-d'Aygues. — Cliché de M. Marc Deydier.

M. Roy-Chevrier, président de la Société d'Histoire et d'Archéologie de Chalon-sur-Saône, a bien voulu me donner communication du texte de cette intéressante inscription :

N° 82

AVG · SAC ·
DEAE
SOVCONN
AE
OPPIDANI
CABILLONN
ENSES
P · S ·

III

LE BAS-RELIEF DE CABRIÈRES-D'AYGUES ET LA QUESTION
DES UTRICULAIRES

Je dois à l'amabilité de M. Marc Deydier, correspondant du ministère de l'Instruction publique, à Cucuron (Vaucluse), propriétaire du bas-relief de Cabrières-d'Aygues, la bonne fortune de pouvoir mettre sous les yeux de mes lecteurs une reproduction de ce très intéressant monument (*Fig.* 18). Outre les indications relatives à ce bas-relief que j'ai données plus haut (p. 144 et 149), je signalerai l'existence, au-dessus de la barque halée, d'une série de quatre amphores et de trois vases, probablement en verre, recouverts d'une enveloppe d'osier tressé, disposés sur une sorte de tablette horizontale.

L'existence de ces récipients, ainsi que celle des deux tonneaux chargés dans la barque, déterminent d'une façon tout à fait probable l'industrie du personnage auquel avait été élevé le monument, et qui devait être un gros commerçant du pays, marchand de vin ou d'huile, ou un important entrepreneur de transport de marchandises de ce genre.

Ce bas-relief a fait l'objet, au Comité archéologique des travaux historiques et scientifiques, d'une communication de M. Marc Deydier et d'un rapport de M. Héron de Villefosse, qui a étudié, à ce propos, le halage à l'époque romaine et les Utriculaires de la Gaule [1].

Dans cette dernière partie du rapport sont analysés les éléments de la controverse relative aux fonctions des Utriculaires. Je suis particulièrement heureux de constater que M. Héron de Villefosse s'arrête à des conclusions identiques à celles que j'ai développées au chapitre VII de cet ouvrage (p. 205 à 209), et que je puis ajouter le nom de notre savant Maître à ceux des archéologues qui voient des bateliers dans les Utriculaires gallo-romains.

M. Héron de Villefosse réfute victorieusement, à mon sens, une objection de MM. Allmer et Dissard, qui faisaient observer que les bateliers formant des corporations se disent ordinairement sur les inscriptions « bateliers de tel fleuve ou de telle rivière », tandis qu'on ne connaît pas d'utriculaires ayant joint à leur nom professionnel celui d'une rivière ou d'un fleuve.

« L'absence d'un nom de fleuve ou de rivière à la suite du mot *utriclarii*, répond à cela M. Héron de Villefosse, est constante dans les inscriptions. Cependant l'objection d'Allmer n'est pas irréfutable. Le métier des utriculaires, si l'on veut bien admettre leur existence en tant que bateliers, ne s'exerçait pas, comme celui de nautes, sur tout le cours d'un fleuve ou d'une rivière. Les utriculaires naviguaient sur un parcours beaucoup plus restreint; ils formaient des corporations locales qui

1. *Bulletin archéologique du Comité des Travaux historiques et scientifiques*, 1912, 1re livraison, p. 87 à 116.

se distinguaient l'une de l'autre par le nom de la localité
sur le territoire de laquelle ils opéraient. Ce nom de
lieu nous autorise à reconnaître dans les utriculaires des
bateliers locaux qui ne s'éloignaient guère du point d'attache ainsi indiqué, des bateliers dont le rôle se trouve
précisé et limité par le nom de la ville où se réunit leur
collège. Les inscriptions de Lyon, en parlant des utriculaires, disent toujours *Lugduni consistentes.* »

IV

LE BAS-RELIEF DE LA PLINTHE DE LA STATUE

DU TIBRE

Un nouvel examen de la scène de halage figurant sur
les reliefs postérieurs de la plinthe de la statue du Tibre
m'a fait constater que j'avais pris un pli de vêtement
pour la bricole transversale dont j'ai parlé page 146.

Les cordes de traction ne sont pas disposées en travers de la poitrine des haleurs ; ceux-ci les maintiennent
seulement avec les mains sur leur épaule gauche. Il en
est de même pour les haleurs du bas-relief de Cabrières-
d'Aygues, qui ne tirent la corde qu'avec la main gauche,
la droite s'appuyant sur un bâton.

V

BARQUE VOTIVE D'AUTUN

La société Éduenne possède dans ses collections d'antiquités, conservées au Musée Rolin, à Autun, une petite
barque en bronze, trouvée en 1873, près de cette ville,
au hameau du Cerveau, commune de Gurgy. Cette
barque est faite d'une mince feuille de métal emboutie,
et présente cette particularité fort intéressante d'être

munie d'une petite ancre attachée par une chaînette à maillons ronds.

Il est tout à fait probable que ce curieux objet appartient à la classe des barques votives, comme celles de Dijon et de Lyon. Son bon état de conservation, étant donné la fragilité de ses parois, permet de supposer qu'il a longtemps séjourné dans la vase d'une fontaine ou d'un cours d'eau. Le hameau du Cerveau étant situé à une assez courte distance de l'Arroux, il n'est peut-être pas téméraire de voir dans la barque en question un ex-voto offert à la divinité protectrice de cette rivière.

Je dois à l'obligeance de M. Gadant, conservateur des collections d'antiquités de la Société Éduenne, les quelques renseignements qui précèdent, la barque d'Autun n'ayant été jusqu'à présent, à ma connaissance du moins, l'objet d'aucune publication ni d'aucune reproduction.

INDEX DES NOMS GÉOGRAPHIQUES

Autunnacum, 220.
Auvergne, 23, 28.
Auxerre, 29, 37, 39, 86, 99, 100, 103, 231.
Avenches, 175, 180.
Avignon, 55, 231.

B

Bade, 215.
Bages (étang de), 128.
Balesmes, 36.
Banassac, 24, 25.
Bar-le-Régulier, 200, 208, 215.
Basse-Vieille-Tour (rue), 92.
Bataves, 120.
Bayon, 233.
Bayonne, 230.
Bazas, 14, 81.
Bazoches, 99.
Beaucaire, 28, 54, 67.
Beaune, 40.
Bèbre, 233.
Becquet (Le), 94.
Belges, 85.
Belgique, 59, 229, 230.
Bellecour (place), 59.
Bellegarde, 64.
Berge (rue de la), 102.
Berre (étang de), 127.
Berry, 22, 23.
Berry-au-Bac, 98.
Besançon, 73, 76, 77, 104.
Bétique, 173, 190.
Beuvron, 178.
Bibracte, 23, 73, 103.
Bièbre, 233.
Bièvre, 89, 90.
Bingen, 232.
Bingium, 232.
Bituriges, 22.

Bituriges Vivisques, 81.
Blaye, 84, 85, 230, 233.
Blessey, 41.
Blois, 106, 107.
Bodobriga, 232.
Bonn, 220.
Boppard, 232.
Bordeaux, 14, 80, 81, 82, 83, 84, 85, 93, 105, 116, 118, 133, 169, 230.
Bouc, 50.
Boudeville, 234.
Boulogne, 224.
Boulonnais, 224.
Bourges, 103, 234.
Bourgogne, 29, 99, 172.
Bourg-sur-Gironde, 84, 230, 233.
Boz (port de), 74.
Braisne, 99.
Bras-Mort, 126.
Brenne, 208.
Bresle, 224.
Brest, 113.
Bretagne, 4, 12, 21, 82, 93, 94, 95, 117.
Briare, 104.
Brie, 95.
Brivates portus, 111, 112, 113.
Brivet, 111, 112.
Bruges, 95.
Bucey-les-Traves, 74, 76.

C

Caballodunum, 220.
Cabrières-d'Aygues, 69, 144, 148, 149, 172.
Cadurques, 81.
Cæsarodunum, 107.
Cahors, 26.

TABLE DES INSCRIPTIONS

TABLE DES GRAVURES

TABLE DES MATIÈRES

CHAPITRE PREMIER

CONSIDÉRATIONS GÉNÉRALES

I

Hydrographie de la Gaule.

II

Régime des cours d'eau de la Gaule à l'époque gallo-romaine.

III

La navigation fluviale et ses applications.

CHAPITRE II

LE COMMERCE FLUVIAL EN GAULE.

I

Éléments de trafic dans la Gaule.

II

Les grands itinéraires fluviaux.

III

Péages et impôts.

CHAPITRE III

LES COURS D'EAU AU POINT DE VUE RELIGIEUX ET JURIDIQUE

I

Culte des rivières navigables.

II

Régime juridique des cours d'eau navigables.

CHAPITRE IV

ÉTUDE PARTICULIÈRE DE QUELQUES FLEUVES ET RIVIÈRES
DE LA GAULE ROMAINE

CHAPITRE V

OUVRAGES DE NAVIGATION

I

Travaux de correction et de canalisation.

II

Ports fluviaux.

CHAPITRE VI

LE MATÉRIEL DE BATELLERIE FLUVIALE GALLO-ROMAIN

I

Éléments de construction.

II

Modes de propulsion.

III

Les types de bateaux fluviaux d'après les monuments figurés.

IV

Dénominations diverses des embarcations fluviales en usage en Gaule.

V

Les chantiers de constructions navales.

CHAPITRE VII

LE PERSONNEL DE LA BATELLERIE FLUVIALE GALLO-ROMAINE

CHAPITRE VIII

LA MISE EN DÉFENSE DES COURS D'EAU EN GAULE

I

Les flottilles militaires.

II

La défense terrestre.

MÂCON, PROTAT FRÈRES, IMPRIMEURS